KB274291

다시 보는 다문화청소년, 올바른 시선이 그들에게 향하다!

여러 나라 사람들의
삶

내일을여는지식 사회 11

다시 보는 다문화청소년, 올바른 시선이 그들에게 향하다!

여러 나라 사람들의 삶

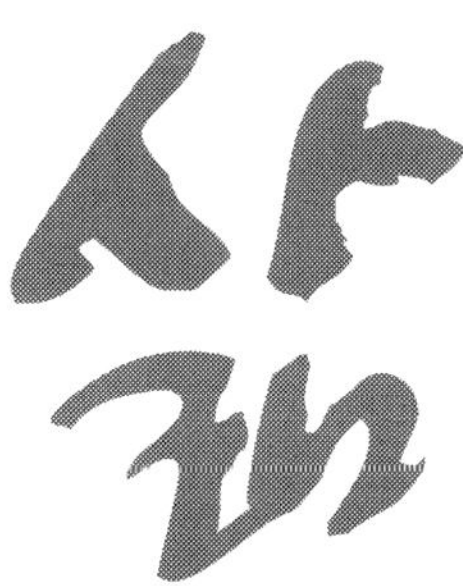

정하성 지음

한국학술정보㈜

머리말

글로벌 시대의 발전은 다양성과 공존의 가치를 중시하게 되었다. 자국의 이익만큼 다른 나라의 이익이 중요함을 인식하여 함께 이익을 창출하고 번영해 갈 수 있는 방안을 모색해 가야 한다. 한민족의 역사와 전통성을 강조하기보다는 세계인과 더불어 살아가는 이해와 배려의 문화를 키워 가는 일에 충실하여야 한다. 인류애의 구현은 이 시대의 가치로 삶의 방향이 되어야 한다. 상호협력과 공영의식이 인류의 공동선을 이루고 진정한 평화와 자유를 구현해 갈 수 있는 길이다. 65억 명의 인류가 굶주리지 않고 잘살 수 있는 슬기로운 협력관계를 이루어가야 한다. 우리나라는 현재 다문화가족이 1백만 명을 넘는 시대에 살고 있어 국민의 포용과 아량의 자세가 필요하다. 이러한 시대의 요구와 가치를 외면할 수 없는 현실을 직시해서 현명한 국민의식을 확립해야 한다. 그들에게 우리 문화를 인식시키고 동류의식을 강화시켜 동반자로 역할을 분담하며 살아가야 한다. 다문화가족의 조국의 문화와 역사를 존중해 주고 이해하려는 노력이 수반하여야 한다. 다문화가족과 함께 소중한 각자의 역할과 기능을 존중하면서 더불어 발전하는 지혜가 어느 때보다도 절실하다. 다문화가족에 대하여 항상 타인지향적인 시각을 갖고 관심과 이해로 돌봐 주고 감싸 안는 마음을 가져야 한다.

다문화 시대의 장점이라고 할 수 있는 상호 간의 문화교류를 통한 새로운 창조 문화를 육성시켜 가려는 노력을 기울여야 한다. 상이한 문화와 사고의 교류는 글로벌시대의 중요한 경쟁력이 되기 때문이다. 전통문화를 전승하면서 창조문화를 생성시켜서 문화의 발전과 육성하는 일은 어느 때보다 절실하다. 문화의 우월성이나 고집보다는 유연성과 포용성으로 다문화를 성장시켜야 한다. 특히 우리보다 경제, 정치, 문화 사회수준이 열악한 동남아시아를 비롯한 후진지역의 유서 깊은 문화적 보고를 찾아 우리 사회의 발전 동력으로 삼는 일은 매우 의미가 크다. 여기의 글들은 필자가 그동안 논문으로 발표했던 내용을 정리하여 책으로 만든 것이다. 제1장은 다문화청소년의 사회적응실태 및 프로그램 개발방안은 우룡 박사와 함께 한국청소년정책연구원의 용역을 받아 수행한 결과물이다. 제3장 '21세기는 다문화청소년 시대'는 한국청소년학회에서 발표한 내용이다. 제2장은 다문화청소년의 복지증진방안, 제4장 다문화청소년의 자아존중감 확립을 위한 사회적 노력, 제5장 다문화청소년을 위한 이미지 메이킹 전략은 평택대학교 다문화연구논문집에 발표한 내용임을 분명히 밝혀 둔다. 아무쪼록 다문화 연구와 학습에 귀한 자료로 활용되길 바란다. 65억 인류가 인간의 존엄성을 인식하고 서로 나눔과 사랑을 통해서 국가의 문화를 존중하고 발전시켜 가야 함을 다시 한 번 강조한다.

2009년 5월
용이벌 연구실에서 정하성

제1장
다문화가정 청소년의 사회적응실태 및 프로그램개발

Ⅰ. 다문화가정 청소년의 접근과 이해

글로벌화 시대가 진전되면서 국제적인 노동력 이동의 흐름에 따라 1990년대 이후 한국사회도 급속히 다인종·다문화 사회로 진입하고 있다. 법무부(2006)에 따르면 1995년 27만 명에 불과하던 체류외국인 수는 2005년 74만 명으로 증가하였으며, 2006년 들어 불과 3개월 만에 6만여 명이 증가되어 2006년 3월 말 현재 80만 명을 돌파하였고 체류외국인 100만 명 시대가 당초 예상했던 2010년에서 2006년 말로 앞당겨질 것으로 전망되고 있다. 국가별 체류외국인은 중국, 미국, 베트남, 몽골, 인도네시아 순이며, 체류목적별로는 취업목적근로자, 유학생, 결혼 이민자 순이다. 특히 국제결혼의 증가로 인해 국민의 외국인배우자(외국국적 소지자)는 2001년 당시 2만 5천 명이었던 것이 2006년 3월 말 현재 7만 7천여 명으로 무려 300%가 증가하였다. 이처럼 세계화의 흐름에 따라 1990년대 이후 우리나라에 체류하는 외국인이 늘어남에 따라 우리나라 국민과 외국인 간의 이른바 국제결혼 역시 급증하고 있으며, 또한 다문화가족(국제결혼가정) 자녀의 출생 및 혼혈인도 증가하고 있다.

서로 다른 문화와 생활습관을 가진 사람들이 결혼한 국제결혼가정들은 태생적으로 극복해야 할 많은 문제를 가지고 있으며 실제로 문화적 차이로 인한 국제결혼 부부의 갈등이나 혼혈(외모나 피부색깔)로 인한 국제결혼가정의 자녀문제 등의 여러 가지 심각한 문제가 발생되고 있다. 특히, 국제결혼가정의 청소년들은 서로 인종적으로 다른 부모들 사이에서의 문화적 갈등을 겪기 마련이기 때문에 그들은 성장하면서 많은 갈등과 혼돈을 경험하게 된다.

교육인적자원부(2006)에 따르면 다문화가정 자녀들이 가진 공통적인 문제점은 '학습결손'과 '편견과 차별로 인한 학교부적응'으로 나타났다. 특히, 많은 혼혈청소년들이 차별로 인해 학교를 중퇴하거나 적응하지 못하고 방황한다. 2001년 교육인적자원부와 펄벅재단 한국지부의 조사에 따르면 혼혈아동의 학업중도 탈락률을 보면 일반학생은 초등학교 미진학 및 중퇴가 하나도 없는 반면에 혼혈아동은 9.4%가 되고, 중학교 미진학 및 중퇴의 경우에도 일반학생이 1.1%임에 반해 17.5%나 되었다.

다문화가정 청소년들의 신체적, 심리적, 사회적 발달과정에서 일어나는 부적응 문제는 다른 청소년이 겪는 것보다 더 심각한 것이라고 할 수 있다. 그러므로 다문화가정 청소년들에 대한 사회적 배려가 있어야 할 것이며, 만약 이들을 포용하지 못하고 방치한다면 사회적 갈등과 문제가 커질 것이다.

최근 사회에 문제시되는 다문화가정 청소년들이 경험하는 차별, 따돌림, 폭력, 심리적 스트레스 등의 문제해결을 위한 대책 마련이 시급한 실정이다. 이 같은 다문화가정 청소년들의 학교 및 사회생활 부적응 문제를 과학적이고 체계적으로 해결하기 위한 우리 사회의 노력은 미약한 실정이므로 다인종·다문화 시대에 있어서 한국사회가 경쟁력을 갖추기 위해서는 무엇보다도 다문화가정 청소년의 사회적응 실태조사와 더불어 사회적응프로그램 개발이 중요하고 절실히 필요하다.

다문화가정 청소년의 사회적응 실태와 관련 프로그램을 조사·분석하여 다문화가정 청소년의 사회적응력을 향상시키기 위한 프로그램 개발방안을 제시한다. 이를 달성하기 위한 구체적인 목표는 다음과 같다.

첫째, 다문화가정 청소년의 개념과 유형 및 특성을 고찰한다.

둘째, 다문화가정 및 다문화청소년의 현황 및 문제점을 조사한다.

셋째, 다문화가정 청소년의 사회적응 실태를 조사한다.

넷째, 다문화가정 청소년을 위한 사회적응 관련 프로그램을 조사한다.

다섯째, 다문화가정 청소년의 사회적응력 향상 프로그램 개발방안을 제시한다.

Ⅱ. 다문화가정 및 다문화청소년의 이론적 배경

1. 다문화가정의 개념과 유형

1) 다문화가정 및 다문화청소년의 개념

다문화가정이란 통상적으로 국제결혼을 통해 형성된 가정을 지칭한다. 다문화가정은 학술적 용어로, 법률적 용어나 정의는 아니다. 그동안 이와 비슷한 뜻으로 사용되어 온 국제결혼가정은 국적(國籍)이 서로 다른 사람끼리 결합된 가정이라는 점을 강조하고 있는 것에 비해서 다문화가정이라는 용어는 한 가정 내의 다른 문화적 배경을 갖고 있는 이들 사이의 결합이라는 문화적 요소를 보다 강조한다는 특징을 갖고 있다(이성언·최유, 2006).

그동안 우리 사회에서는 국제결혼처럼 서로 다른 인종끼리 결합된 가정의 형태를 혼혈가정이라고 일컫는 경우가 더 많았다. 그러나 혼혈인가정과 그 2세인 혼혈인이라는 용어 자체가 갖고 있는 상징적 차별성을 시정하기 위해서 그 대안으로서 다문화가정과 다문화가정 2세라는 용어를 사용하도록 지방자치단체나 시민단체에서 장려되고 있다.

우리 사회에서 국제결혼가정을 다문화가정으로 고쳐 부르는 것에 대해서는 이미 사회적인 합의가 진행되어 왔다. 2003년에 30여 개의 시민단체로 구성된 건강시민연대는 국제결혼, 혼혈아 등의 차별적 용어를 추방하고 대신 다문화가족이나 다문화가족 2세로 부르자고 제안했다(한겨레신문 2003년 12월 3일자). 이 제안은 큰 호응을 얻어서 대통령자문 빈부격차 차별시정위원회의 홈페이지의 뉴스레터, 재외동포재단 홈페이지, 부산외국인노동자 인권을 위한 모임 홈페이지 등 각종 관련단체에서 국제결혼가정이 주는 부정적 이미지를 해소하고자 다문화가정 또는 다문화가족으로 고쳐 부르고 있다(김갑성, 2006).

다문화가정은 국제결혼을 통해 형성된 국제결혼가정을 통상적으로 의미하나 본 연구에서는 국내에 거주하는 외국인근로자가정을 포함시켜 부르는 용어로 정의한다. 따라서 본 연구에서 사용되고 있는 다문화가정의 청소년은 (표 1)과 같이 다음의 경우를 가리키는 것으로 한정한다.

〈표 1〉 다문화가정 청소년의 개념정의

다문화가정	다문화청소년
국제결혼가정	한국인 아버지와 외국인 어머니 사이에서 태어난 청소년
	한국인 어머니와 외국인 아버지 사이에서 태어난 청소년
외국인 근로자가정	외국인근로자가 한국에서 결혼하여 태어난 청소년
	본국에서 결혼하여 형성된 가족이 한국에 이주한 가정의 청소년

2) 다문화가정의 유형

다문화가정은 외국인근로자가정과 국제결혼가정 크게 두 가지로 구분할 수 있다.

① 외국인근로자가정은 몇 가지 유형으로 구분된다(김정원, 2006). 첫 번째 유형인 양부모가 자녀와 함께 이주하여 같이 생활을 하는 경우가 외국인근로자가정의 가장 일반적인 유형인데, 이때 부모 모두가 일을 하는 경우가 대부분이다.

두 번째 유형인 편모 혹은 편부 가정은 본국에서 부와 사별 또는 이혼한 후 모자 혼자 한국에 입국하여 일하다가 자녀를 데리고 온 경우이거나 먼저 본국으로 돌아가고 부나 모 혼자 한국에 남아 자녀를 데리고 있는 경우이다. 세 번째 유형은 한국인과의 재혼가정이다. 재혼가정은 대부분 자녀와 함께 이주한 외국인 여성이 한국인 남성과 재혼한 경우이며, 그 역은 별로 없다. 이는 결혼을 위해 이주한 경우와는 구분되는 범주로서 본국에서 모가 부와 사별을 했거나 이혼한 후 자녀를 데리고 한국에 와서 살다가 한국인 부와 재혼한 경우이다.

② 국제결혼가정은 한국인 남성과 외국인 여성이 결혼하여 형성된 가정과 외국인 남성과 한국인 여성이 결혼하여 형성된 가정으

로 크게 두 가지 유형으로 구분된다. 통계청(2005)에 따르면 2005년의 국제결혼은 총 결혼건수의 13.6%로서 100명 가운데 약 13명이 외국인과 결혼하였으며, 국제결혼 중 외국인 여성과의 결혼은 72%, 외국인 남성과의 결혼은 18%로 나타났다.

2. 다문화가정의 성립배경

한국사회에서 다문화가정의 형성 패턴은 굴절된 현대사와 맥을 같이한다(설동훈, 2006).

첫째, 1950~1970년대의 국제결혼은 한국전쟁을 계기로 한국에 주둔한 미군병사 남성과 한국인 여성의 결혼이 주류를 이루었다. 그들은 미군 기지촌 주변에서 가정을 꾸려 생활하거나, 본국으로 귀환하는 가장을 따라 미국으로 이주하였다. 미국의 풋볼 영웅 하인즈 워드의 가정이 이 유형에 속한다.

둘째, 한국의 경제력이 신장된 1980년대 이후에는 외국인의 국내유입과 한국인의 해외진출이 증가하였고, 그 과정에서 외국인 남성 전문직 종사자와 한국인 여성의 결혼이 새로운 유형으로 등장하였다.

셋째, 1980년대 말, 이른바 북방정책을 통해 중국·소련과의 교류가 시작되었고, 그 후 1990년대 초 국내에서 농촌총각 장가보내기 운동의 일환으로 국제결혼을 추진하면서, 한국인 남성과 외국인 여성의 국제결혼이 증가하기 시작하였다. 그 후 1995년 한국정부가 외국인의 국내 방문을 엄격히 규제하면서, 한국에 들어와서 취업하기 위한 방편으로 국제결혼을 택하는 사람들의 수가 늘어났다. 1995년 이후, 한국인 남성과 외국인 여성의 결혼 유형이 그 반대 유형보다 더 많아지게 되었다. 이러한 추세는 현재에도 지속되고 있다. 특히, 2002년 이후 국제결혼이 급증하고 있다. 수많은 국제결혼중개업체들이 활동하고 있기 때문이다.

넷째, 1980년대 말부터 국내로 들어온 이주노동자들이 한국인과 결혼한 사례도 발견된다. 그 유형은 한국인 여성과 외국인 남성의 국제결혼이 주류를 차지한다.

Ⅲ. 다문화가정 및 다문화청소년의 현황

1. 다문화가정 현황

1) 외국인과의 총혼인

2005년의 국제결혼은 총 결혼 건수의 13.6%로 100명 가운데 13명이 외국인과 결혼하였으며, 국제결혼 중 외국 여성과의 결혼은 72%, 외국 남성과의 결혼은 18%로 나타났다. 이를 자세히 살펴보면 국제결혼은 매년 증가하여 2005년에는 총 43,121건으로 전년 35,447건에 비해 7,674건(21.6%) 증가하였다. 한국 남자와 외국 여자와의 혼인은 31,180건으로 전년대비 21.8% 증가하였으며, 한국 여자와 외국 남자의 혼인은 11,941건으로 전년대비 21.2% 증가하여 비슷한 증가세를 보였다.

2) 한국 남자와 외국 여자와의 혼인

한국 남사와 외국 여자와의 국적별 혼인은 총 31,180긴으로, 중국 20,635건(66.2%), 베트남 5,822건(18.7%), 일본 1,255건(4.0%) 순으로 나타났다.

농림어업에 종사하고 있는 한국 남자와 외국 여자와의 혼인은 증가하였다. 특히 2005년 농림어업종사자(남자)의 경우 총 결혼 8,027건 중 국제결혼이 2,885건(35.9%)으로 3건 중 1건을 차지하며, 농어촌의 새로운 가정유형으로 정착하였다. 다시 말해서 2005년에 혼인한 농림어업종사자(남자) 8,027명 중 2,885명이 외국 여자와 혼인하여 전년에 비해 1,071건이 증가하였다. 이는 전체 외국 여자와의 혼인 31,180건의 9.3% 수준으로 전년 7.1%에 비해 2.2% 증가한 것이다.

농림어업종사자(남자)와 혼인한 외국 여자의 국적은 2004년에는 중국, 베트남, 필리핀 순이었으나, 2005년에는 베트남, 중국, 필리핀 순으로 나왔다.

3) 한국 여자와 외국 남자와의 혼인

한국 여자와 외국 남자와의 국적별 혼인을 살펴보면 한국 여자와 중국 남자와의 혼인이 가장 많았다. 한국 여자와 혼인한 외국 남자의 국적은 중국 5,042건(42.2%), 일본 3,672건(30.8%), 미국 1,413건(11.8%) 순으로 나타났다.

2. 다문화가정 청소년 현황

1) 다문화가구 현황

2006년 혼혈인 자녀, 외국인 배우자 등 다문화 가구원이 있는 가구의 비율은 0.4%로 나타났다. 지역별로는 농어촌 지역의 다문화가구 비율이 0.7%로 도시지역 0.3%보다 높게 나타났다.

2) 다문화가정 자녀 현황

<table>
<tr><td colspan="1" align="center">다문화가정 자녀 현황</td></tr>
</table>

○ 국제결혼가정 자녀
- -2006년 현재 재학 중인 국제결혼가정 자녀수: 7,998명(초 85%, 중 11.6%, 고 3.5%)
- -국제결혼가정 자녀 중 어머니가 외국인인 경우가 전체의 83.7%(6,696명)로 거의 대부분을 차지하며
- -지역별로는 경기도가 1,852명(23.1%)으로 가장 많고, 서울 12.2%, 전남 11.8%, 전북 9.1%, 경북 6.0% 순으로 나타남

○ 외국인근로자 자녀
- -법무부 등록 외국인 중 취학 연령대(7세~18세)는 17,287명으로 추정되며, 이 중 일반학교 재학생은 1,574명에 불과(7,800명은 외국인학교 재학)
- -외국인 재학생의 국가별 분포는 일본 24.4%(386명), 몽골 21.3%(338명), 미국 17.2%(273명), 중국 2.8%(45명) 순으로 나타나고 있으며, 이 중 대다수가 서울 (35%), 경기(31%)지역 학교에 재학 중

출처: 교육인적자원부(2006), 「다문화가정 품어 안는 교육지원대책 발표」.

〈표 2〉 국제결혼가정 자녀 시 · 도별 학교급별 현황

(교육부, '06. 3.)

시도	내 용	초등학교	중학교	고등학교	총 계
서울	국제결혼가정 자녀 수	756	148	77	981
	모가 외국인인 학생 수	485	94	30	609
부산	국제결혼가정 자녀 수	306	37	21	364
	모가 외국인인 학생 수	238	26	10	274
대구	국제결혼가정 자녀 수	158	22	10	190
	모가 외국인인 학생 수	142	14	4	160
인천	국제결혼가정 자녀 수	207	25	14	246
	모가 외국인인 학생 수	187	14	7	208
광주	국제결혼가정 자녀 수	118	8	7	133
	모가 외국인인 학생 수	104	7	5	116
대전	국제결혼가정 자녀 수	129	24	11	164
	모가 외국인인 학생 수	118	21	3	142
울산	국제결혼가정 자녀 수	75	15	5	95
	모가 외국인인 학생 수	70	12	4	86
경기	국제결혼가정 자녀 수	1,454	338	60	1,852
	모가 외국인인 학생 수	1,108	220	36	1,364
강원	국제결혼가정 자녀 수	398	40	10	448
	모가 외국인인 학생 수	360	38	8	406
충북	국제결혼가정 자녀 수	331	23	6	360
	모가 외국인인 학생 수	314	19	2	335
충남	국제결혼가정 자녀 수	464	53	15	532
	모가 외국인인 학생 수	415	48	12	475
전북	국제결혼가정 자녀 수	679	45	11	735
	모가 외국인인 학생 수	675	45	11	731
전남	국제결혼가정 자녀 수	878	54	15	947
	모가 외국인인 학생 수	851	50	15	916
경북	국제결혼가정 자녀 수	432	40	13	485
	모가 외국인인 학생 수	413	32	9	454
경남	국제결혼가정 자녀 수	357	49	4	410
	모가 외국인인 학생 수	339	41	3	383
제주	국제결혼가정 자녀 수	53	3	0	56
	모가 외국인인 학생 수	35	1	0	36
계	국제결혼가정 자녀 수	6,795	924	279	7,998
	모가 외국인인 학생 수	5,854	682	159	6,695

(1) 학령기(초·중등) 등록 외국인 현황

<표 3> 국가별 현황

(단위: 명)

국 가	초 등	중 등	합 계
미 국	4,156	3,758	7,914
타이완	1,665	1,808	3,473
일 본	1,029	692	1,721
중 국	100	739	839
한국계 중국인(조선족)	132	441	573
캐나다	204	104	308
베트남	7	267	274
몽 골	82	173	255
기 타	1,150	780	1,930
전 체	8,525	8,762	17,287

출처: 법무부, 2005. 9. 30 기준

Ⅳ. 다문화가정 청소년의 사회적응 실태조사

1. 조사대상자의 일반적 특성

1) 인적사항

조사대상자의 인적사항을 살펴보면 국제결혼가정 청소년이 51.7%, 외국인근로자가정 청소년이 48.3%였다. 성별로는 남자 청소년이 65.5%였으며 여자 청소년은 34.5%를 차지하였다. 학력별로는 초등학생(9세~13세) 32.8%, 중학생(14세~16세) 37.9%, 고등학생(17

세~19세) 29.3%였다. 한편 생활수준의 경우에는 '상' 수준이 25.0%, '중' 수준이 62.1%, '하' 수준이 12.9%의 분포를 보였다.

<표 4> 조사대상자의 일반적 특성

구 분		빈 도	백분율
다문화청소년 유형별	국제결혼가정 청소년	60	51.7%
	외국인근로자가정 청소년	56	48.3%
	합 계	116	100.0%
성별	남자 청소년	76	65.5%
	여자 청소년	40	34.5%
	합 계	116	100.0%
학력별	초등학생	38	32.8%
	중학생	44	37.9%
	고등학생	34	29.3%
	합 계	116	100.0%
생활수준별	하 수준	15	12.9%
	중 수준	72	62.1%
	상 수준	29	25.0%
	합 계	116	100.0%

2) 가족사항

(1) 부모유무 및 동거인

다문화가정 청소년의 부모 존재 유무를 살펴보면 두 분 모두 계신다가 69.8%, 어머니만 계신다는 23.3%, 두 분 모두 안 계신다는 4.3%, 아버지만 계신다는 2.6%로 나왔다. 한편 다문화가정 청소년이 현재 누구와 함께 살고 있는지를 보면 대부분(81%)의 다문화가정 청소년들이 부모님(또는 두 분 중 한 분)과 함께 살고 있었다. 반면에 가족과 떨어져 혼자 살고 있는 다문화가정 청소년은 6.9%에 불과하였다.

<표 5> 다문화가정 청소년 부모의 존재유무 및 동거인

구 분		빈 도	백분율
부모유무	두 분 모두 계신다	81	69.8%
	아버지만 계신다	3	2.6%
	어머니만 계신다	27	23.3%
	두 분 모두 안 계신다	5	4.3%
	합 계	116	100.0%
동거인	부모님(또는 두 분 중 한 분)과 함께 살고 있다	94	81.0%
	부모님과 떨어져 친척집 또는 형제들과 살고 있다	13	11.2%
	할아버지, 할머니(또는 두 분 중 한 분)와 함께 살고 있다	1	0.9%
	가족과 떨어져 혼자 살고 있다	8	6.9%
	합 계	116	100.0%

(2) 부모학력

다문화가정 청소년 부모의 학력을 살펴보면 아버지의 경우 대졸 (전문대졸 포함)이 52.6%로 가장 높은 비율을 차지하였으며, 또한 어머니의 경우에도 대졸(전문대졸 포함)이 51.7%로 가장 높게 나타났다.

본 조사에서는 전반적으로 다문화가정 청소년 부모의 학력수준 이 높다는 것을 알 수 있었다. 이는 한국의 다문화가정 청소년 실 태(금명자·이영선·김수리·손재환·이현숙·김민정, 2006)조사 결과[1]와 거의 유사하다.

---

1) 한국의 다문화가정 청소년 실태(금명자·이영선·김수리·손재환·이현숙·김민정, 2006) 조사 결과를 살펴보면 다문화가정 청소년의 아버지 27.5%가 '고등학교 졸업', 49.3%가 '대 학교 졸업 이상'의 학력을 가지고 있는 것으로 나타났다. 또한 다문화가정 청소년의 어머니 32.9%가 '고등학교 졸업', 34.3%가 '대학교 졸업 이상'의 학력을 가진 것으로 나타났다.

(3) 부모직업

다문화가정 청소년 부모의 직업분포를 살펴보면 아버지의 경우 50%가 공장 및 건설노동자, 자영업은 10.3%, 사무직은 8.6%, 전문직은 4.3% 순으로 나타났다. 다문화가정 청소년 어머니의 경우에도 37.9%가 공장 및 건설노동자, 자영업이 14.7%, 전문직이 12.9%, 사무직이 8.4%, 서비스업 5.2% 순으로 나왔다.

본 조사에서는 다문화가정 청소년 부모의 직업은 대부분 공장 및 건설노동자인 것을 알 수 있었다. 이는 한국의 다문화가정 청소년 실태(금명자·이영선·김수리·손재환·이현숙·김민정, 2006)조사 결과[2])와는 매우 상이한 결과이다.

2. 다문화가정 청소년의 문제점 및 고민사항

1) 일생생활에서 경험하는 문제점

(1) 외모에 대한 친구들의 놀림과 따돌림 여부

다문화가정 청소년들에게 일상생활 속에서 자신의 외모로 인한 친구들의 놀림과 따돌림을 받은 적이 있는지 조사해 본 결과 친구로부터 외모로 인한 놀림과 따돌림을 받았다고 하는 응답은 14.6%(그렇다 11.2%, 매우 그렇다 3.4%)로 낮게 나타난 반면에 놀림과 따돌림을 받지 않았다는 응답은 57.8%(그렇지 않다 27.6%, 전혀

---

2) 한국의 다문화가정 청소년 실태(금명자·이영선·김수리·손재환·이현숙·김민정, 2006) 조사 결과를 살펴보면 다문화가정 청소년들의 아버지들은 40.0%가 '사무직', 10.0%가 '전문직', 10%가 '군인'인 것으로 나타났다. 다문화가정 청소년의 어머니의 경우, 50.0%가 '가정주부', 17.1%가 '사무직'인 것으로 나타났다.

그렇지 않다 30.2%)로 높게 나타났다. 대부분의 다문화가정 청소년들에게 있어서 외모로 인한 친구들의 놀림과 따돌림은 일어나지 않고 있으며 크게 심각한 수준이 아니지만, 일부 소수의 다문화가정 청소년들은 외모로 인한 친구들의 놀림과 따돌림을 심하게 받는 것을 알 수 있었다.

① 다문화청소년 유형별

다문화청소년의 유형별로 외모에 대한 친구들의 놀림과 따돌림 여부를 분석해 보면 국제결혼가정 청소년의 경우 '그렇지 않다 (31.7%)'가 가장 높게 나타난 반면에 외국인근로자가정 청소년의 경우에는 '전혀 그렇지 않다(35.7%)'가 가장 높게 나왔다. 한편 외모로 인한 놀림과 따돌림을 받았다는 응답인 그렇다의 경우를 보면 국제결혼가정 청소년들의 응답이 18.3%로서 3.6%인 외국인근로자가정 청소년들보다 훨씬 높게 나타났다. 즉 외모로 인한 친구로부터의 놀림과 따돌림 문제는 외국인근로자가정 청소년들보다는 국제결혼가정 청소년들에게서 더 심각하게 일어나고 있다는 것을 알 수 있었다.

② 성별

성별로 살펴보면 남자 청소년의 경우 '전혀 그렇지 않다(32.9%)'가 가장 높게 나타난 반면에 여자 청소년의 경우에는 '그렇지 않다 (35%)'가 가장 높게 나왔다. 한편 외모로 인한 친구로부터 놀림과 따돌림을 받았다는 응답인 '매우 그렇다'의 경우를 보면 여자 청소년들의 응답이 5%로써 2.6%인 남자 청소년들보다 다소 높게 나타났다.

③ 학력별

학력별로는 초등학생의 경우 '보통이다(34.2%)'가 가장 높게 나타난 반면에 중학생은 '그렇지 않다(34.1%)'가, 고등학생은 '그렇지 않다'와 '전혀 그렇지 않다'가 각각 32.4%로써 가장 높게 나왔다. 한편 외모로 인한 친구로부터 놀림과 따돌림을 받았다는 응답인 '매우 그렇다'의 경우를 보면 초등학생이 5.3%, 중학생이 4.5%, 고등학생이 0%로써 대체적으로 연령 낮은 저학년의 학생에게서 이 문제가 더 심각하게 일어난다는 것을 알 수 있었다.

(2) 학교나 학원에서의 불공평한 대우 여부

다문화가정 청소년들에게 학교나 학원 등에서 불공평한 대우를 받은 적이 있는지를 물어본 결과 불공평한 대우를 받았다는 응답은 16.4%(그렇다 14.7%, 매우 그렇다 1.7%)로 낮게 나타난 반면에 불공평한 대우를 받지 않았다는 응답은 64.6%(그렇지 않다 31%, 전혀 그렇지 않다 33.6%)로 아주 높게 나타났다. 대부분의 다문화가정 청소년들은 학교나 학원 등에서 불공평한 대우를 받지 않고 있으며, 이 문제는 심각한 수준이 아니라는 것을 알 수 있는 반면에 일부 소수의 다문화가정 청소년들은 불공평한 대우를 심하게 받고 있는 것을 알 수 있었다.

① 다문화청소년 유형별

다문화청소년의 유형별로 학교나 학원에서의 불공평한 대우 여부를 분석해 보면 국제결혼가정 청소년의 경우 '전혀 그렇지 않다(35%)'가 가장 높게 나타난 반면에 외국인근로자가정 청소년의 경우에는 '그렇지 않다(33.9%)'가 가장 높게 나왔다. 한편 불공평한 대우를 받았다고 하는 응답인 '그렇다'의 경우를 보면 국제결혼가정 청소년들의 응답이 18.3%로써 10.7%인 외국인근로자가정 청소년들보다 다소 높게 나타났다.

② 성별

성별로 살펴보면 남자 청소년의 경우 '전혀 그렇지 않다(31.6%)'가 가장 높게 나타난 반면에 여자 청소년의 경우에는 '그렇지 않다'와 '전혀 그렇지 않다'가 각각 37.5%로써 가장 높게 나왔다.

한편 불공평한 대우를 받았다고 하는 응답인 '매우 그렇다'의 경우를 보면 남자 청소년들의 응답이 17.1%로써 10%인 여자 청소년들보다 다소 높게 나타났다.

③ 학력별

학력별로는 초등학생의 경우 '전혀 그렇지 않다(39.5%)'가 가장 높게 나타난 반면에 중학생은 '그렇지 않다(34.1%)'와 '전혀 그렇지 않다(34.1%)'가, 고등학생은 '그렇지 않다(38.2%)'가 가장 높게 나왔다.

한편 불공평한 대우를 받았다는 응답인 '매우 그렇다'의 경우를 보면 초등학생이 7.9%, 중학생이 13.6%, 고등학생이 23.5%로써 대체적으로 연령 높은 고학년의 학생에게서 이 문제가 더 심각하게 일어나고 있다는 것을 알 수 있었다.

(3) 외모에 대한 이웃들의 수군거림과 차별 여부

다문화가정 청소년들에게 자신의 외모로 인한 이웃들의 수군거림과 차별을 받은 적이 있는지를 조사해 본 결과 이웃으로부터 외모로 인한 수군거림과 차별을 받았다는 응답은 매우 낮은 12%(그렇다 10.3%, 매우 그렇다 1.7%)에 불과한 반면에 수군거림과 차별을 받지 않았다는 응답은 69%(그렇지 않다 29.3%, 전혀 그렇지 않다 39.7%)로 아주 높게 나타났다. 대체적으로 다문화가정 청소년들에게 있어서 외모로 인한 이웃들의 놀림과 따돌림 문제는 심각한 수준이 아니라는 것을 알 수 있었다.

① 다문화청소년 유형별

다문화청소년의 유형별로 외모에 대한 이웃사람들의 수군거림과 차별 여부를 분석해 보면 국제결혼가정 청소년과 외국인근로자가정 청소년 모두의 경우 '전혀 그렇지 않다'가 가장 높게 나타났다. 그러나 이웃들로부터 수군거림과 차별을 받지 않았다는 응답인 전혀 '그렇다', '그렇지 않다'의 경우를 보면 외국인근로자가정 청소년들의 응답이 44.6%로써 35%인 국제결혼가정 청소년들보다 다소 높게 나타났다.

② 성별

성별로 살펴보면 남자 청소년과 여자 청소년의 경우 모두 '전혀 그렇지 않다'가 가장 높게 나타난 반면에 이웃들로부터 수군거림과 차별을 받았다는 응답인 '매우 그렇다'의 경우를 보면 여자 청소년들의 응답이 20%로써 5.3%인 남자 청소년들 매우 높게 나타났다. 즉 외모로 인한 이웃들로부터의 수군거림과 차별 문제는 남자 청소년들보다는 여자 청소년들에게서 더 심각하게 일어나고 있다는 것을 알 수 있었다.

③ 학력별

학력별로는 초등학생과 중학생 및 고등학생 모두의 경우 '전혀 그렇지 않다'가 가장 높게 나타난 반면에 이웃들로부터 외모로 인한 수군거림과 차별을 받았다는 응답인 '그렇다'의 경우를 보면 초등학생이 13.2%, 중학생이 11.4%, 고등학생이 5.9% 순으로 나타나 대체적으로 연령 낮은 저학년의 학생에게서 이 문제가 더 심각하게 일어나고 있다는 것을 알 수 있었다.

(4) 길거리에서의 사람들의 따가운 시선과 수군거림 여부

다문화가정 청소년들에게 길거리에서의 사람들의 따가운 시선과 수군거림을 받은 적이 있는지를 물어본 결과 따가운 시선과 수군거림을 받았다고 하는 응답은 12.9%(그렇다 14.7%, 매우 그렇다 1.7%)로 낮게 나타난 반면에 따가운 시선과 수군거림을 받지 않았다고 하는 응답은 73.9%(그렇지 않다 31.9%, 전혀 그렇지 않다 42.2%)로 아주 높게 나타났다. 대부분의 다문화가정 청소년들은 길거리에서 사람들의 따가운 시선과 수군거림을 받지 않고 있으며, 이 문제는 심각한 수준이 아니라는 것을 알 수 있었다.

① 다문화청소년 유형별

다문화청소년의 유형별로 길거리에서의 사람들의 따가운 시선과 수군거림 여부를 분석해 보면 국제결혼가정 청소년과 외국인근로자가정 청소년 모두의 경우 '전혀 그렇지 않다'가 가장 높게 나타났다. 그러나 길거리에서 따가운 시선과 수군거림을 받았다는 응답인 '그렇다'의 경우를 보면 외국인근로자가정 청소년들의 응답이 14.3%로써 8.3%인 국제결혼가정 청소년들보다 다소 높게 나타났다.

② 성별

성별로 설펴보면 남자 청소년과 여자 청소년 모두의 경우 '전혀 그렇지 않다'가 가장 높게 나타났다. 하지만 길거리에서 사람들로부터 따가운 시선과 수군거림을 받았다고 하는 응답인 '그렇다'의 경우를 보면 남자 청소년들의 응답이 13.2%로써 7.5%인 여자 청

소년들보다 다소 높게 나타났다.

③ 학력별

학력별로는 초등학생과 중학생 및 고등학생 모두의 경우 '전혀 그렇지 않다'가 가장 높게 나타난 반면에 길거리에서 사람들로부터 따가운 시선과 수군거림을 받았다고 하는 응답인 '그렇다'의 경우를 보면 초등학생이 10.5%, 중학생이 13.6%, 고등학생이 8.8%로써 대체적으로 연령 낮은 저학년의 학생에게서 이 문제가 더 심각하게 일어나고 있다는 것을 알 수 있었다.

(5) 외모에 대한 친척들의 놀림과 수군거림 여부

다문화가정 청소년들에게 자신의 외모로 인한 친척들의 놀림과 수군거림을 받은 적이 있는지를 조사해 본 결과 친척들로부터 외모로 인한 놀림과 수군거림을 받았다고 하는 응답은 매우 낮은 1.8%(그렇다 0.9%, 매우 그렇다 0.9%)에 불과한 반면에 놀림과 수군거림을 받지 않았다고 하는 응답은 91.4%(그렇지 않다 25%, 전혀 그렇지 않다 66.4%)로 아주 높게 나타났다. 외모로 인한 친척들의 놀림과 수군거림 문제는 다문화가정 청소년들에게 있어서 거의 발생하지 않는 것을 알 수 있었다.

① 다문화청소년 유형별

다문화청소년의 유형별로 외모에 대한 친척들의 놀림과 수군거림 여부를 분석해 보면 국제결혼가정 청소년과 외국인근로자가정 청소년 모두의 경우 '전혀 그렇지 않다'가 가장 높게 나타났다. 그러나 친척들로부터 놀림과 수군거림을 받았다고 하는 응답인 '그렇다'의 경우를 보면 외국인근로자가정 청소년이 0%, 국제결혼가정 청소년이 1.7%로 나왔다. 즉 국제결혼가정 청소년과 외국인근로자가정 청소년들에게는 이 문제가 거의 일어나지 않고 있다는 것을 알 수 있었다.

② 성별

성별로 살펴보면 남자 청소년과 여자 청소년 모두의 경우 '전혀 그렇지 않다'가 가장 높게 나타났다. 그러나 친척들로부터 놀림과 수군거림을 받았다고 하는 응답인 '그렇다'의 경우를 보면 남자 청소년이 1.3%, 여자 청소년이 0%로 나왔다. 남녀 청소년들 모두에게 외모로 인한 친척들로부터의 놀림과 수군거림 문제가 거의 일어나지 않고 있다는 것을 알 수 있었다.

③ 학력별

학력별로는 초등학생과 중학생 및 고등학생 모두의 경우 '전혀 그렇지 않다'가 가장 높게 나타난 반면에 친척들로부터 놀림과 수군거림을 받았다는 응답인 '그렇다'의 경우를 보면 초등학생과 중학생은 0%, 고등학생은 2.9%로 나타났다. 즉 초·중·고 학생들 모두에게 외모로 인한 친척들로부터의 놀림과 수군거림 문제가 거의 일어나지 않고 있다는 것을 알 수 있다.

2) 학교 및 사회생활적응에 어려운 점

(1) 사회적 편견과 차별

다문화가정 청소년들에게 사회적 편견과 차별 때문에 학교 및 사회생활에 적응하기 힘든가를 조사해 본 결과 사회적 편견과 차별 때문에 힘들다는 응답은 8.6%로 아주 낮게 나타난 반면에 힘들지 않다는 응답은 56.1%(그렇지 않다 25.9%, 전혀 그렇지 않다 30.2%)로 높게 나타났다. 대체적으로 다문화가정 청소년들이 학교나 사회생활에 적응하는 데 있어서 사회적 편견과 차별 문제는 심각한 수준이 아니라는 것을 알 수 있었다.

① 다문화청소년 유형별

다문화청소년의 유형별로 사회적 편견과 차별 때문에 학교 및 사회생활에 적응하기가 힘든가를 분석해 보면 국제결혼가정 청소년과 외국인근로자가정 청소년 모두의 경우 보통이다가 가장 높게 나타났다. 그러나 사회적 편견과 차별 때문에 힘들다는 응답인 '그렇다'의 경우를 보면 국제결혼가정 청소년들의 응답이 16.7%로써 0%인 외국인근로자가정 청소년들보다 매우 높게 나타났다. 즉 외국인근로자가정 청소년들보다는 국제결혼가정 청소년들이 사회적 편견과 차별 때문에 학교 및 사회생활에 적응하기 힘들어한다는 것을 알 수 있었다.

② 성별

성별로 살펴보면 남자 청소년의 경우는 '보통이다(47.4%)'가 가장 높게 나타난 반면에 여자 청소년의 경우에는 '전혀 그렇지 않다(45%)'가 가장 높게 나왔다. 그러나 사회적 편견과 차별 때문에 힘들다는 응답인 '그렇다'의 경우를 보면 여자 청소년들의 응답이 10%로써 7.9%인 남자 청소년들보다 다소 높게 나타났다. 즉 남자 청소년들보다는 여자 청소년들이 사회적 편견과 차별 때문에 학교 및 사회생활에 적응하기 힘들어한다는 것을 알 수 있었다.

③ 학력별

학력별로는 초등학생의 경우 '보통이다(52.6%)'가 가장 높게 나타난 반면에 중학생은 전혀 '그렇지 않다(38.6%)'가, 고등학생은 '그렇지 않다(44.1%)'가 가장 높게 나왔다. 한편 사회적 편견과 차별 때문에 힘들다고 하는 응답인 '그렇다'의 경우를 보면 고등학생이 23.5%, 중학생이 4.5%, 초등학생은 0% 순으로 나왔다. 대체적으로 연령 높은 고학년의 학생들이 사회적 편견과 차별 때문에 학교 및 사회생활에 적응하기 힘들어한다는 것을 알 수 있었다.

(2) 교육 및 공부하기

다문화가정 청소년들에게 교육받기와 공부하기가 어려운가를 물어본 결과 교육 및 공부하는 것이 어렵다는 응답은 17.3%(그렇다 14.7%, 매우 그렇다 2.6%)로 다소 낮게 나타난 반면에 어렵지 않다는 응답은 61.2%(그렇지 않다 25.9%, 전혀 그렇지 않다 35.3%)로 상당히 높게 나타났다. 대체적으로 다문화가정 청소년들에게 있어서 교육 및 공부하기는 크게 어려운 문제가 아닐 뿐만 아니라 심각한 수준도 아니라는 것을 알 수 있었다.

① 다문화청소년 유형별

다문화청소년의 유형별로 교육받기와 공부하기가 힘든지를 분석해 보면 국제결혼가정 청소년과 외국인근로자가정 청소년 모두의 경우 전혀 그렇지 않다가 가장 높게 나타났다.

그러나 교육 및 공부하기가 어렵다는 응답인 '그렇다'의 경우를 보면 국제결혼가정 청소년들의 응답이 23.3%로써 5.4%인 외국인근로자가정 청소년들보다 매우 높게 나타났다. 즉 외국인근로자가정 청소년들보다는 국제결혼가정 청소년들이 교육 및 공부하기를 더 힘들어한다는 것을 알 수 있었다.

② 성별

성별로 살펴보면 남자 청소년과 여자 청소년 모두의 경우 전혀 그렇지 않다가 가장 높게 나타났다. 그러나 공부하기가 어렵다는 응답인 '그렇다'의 경우를 보면 남자 청소년들의 응답이 15.8%로써 12.5%인 여자 청소년들보다 높게 나타났다. 즉 여자 청소년들보다는 남자 청소년이 교육 및 공부하기를 더 힘들어한다는 것을 알 수 있었다.

<표 6> 성별 교육 및 공부하기

구 분			나는 교육받기와 공부하기가 어렵다.					전 체	χ^2
			전혀 그렇지 않다	그렇지 않다	보통 이다	그렇다	매우 그렇다		
성별	남자 청소년	빈 도	24	17	20	12	3	76	
		백분율	31.6%	22.4%	26.3%	15.8%	3.9%	100.0%	
	여자 청소년	빈 도	17	13	5	5	0	40	6.018
		백분율	42.5%	32.5%	12.5%	12.5%	0.0%	100.0%	
전 체		빈 도	41	30	25	17	3	116	
		백분율	35.3%	25.9%	21.6%	14.7%	2.6%	100.0%	

③ 학력별

학력별로는 초등학생과 중학생의 경우 '전혀 그렇지 않다'가 가장 높게 나타난 반면에 고등학생은 '그렇지 않다'가 가장 높게 나왔다. 한편 공부하기가 힘들다고 하는 응답인 '매우 그렇다'의 경우를 보면 고등학생이 5.9%, 중학생이 2.3%, 초등학생은 0% 순으로 나왔다. 대체적으로 연령 높은 고학년의 학생들이 공부하기를 힘들어한다는 것을 알 수 있었다.

(3) 친구 사귀기

다문화가정 청소년들에게 친구 사귀기가 어떤지를 물어본 결과 친구 사귀기가 어렵다는 응답은 31%(그렇다 19.8%, 매우 그렇다 11.2%)로 나타났으며 반면에 어렵지 않다는 응답은 45.7%(그렇지 않다 21.6%, 전혀 그렇지 않다 24.1%)로 높게 나타났다. 대체적으로 다문화가정 청소년들에게 있어서는 친구 사귀기가 어렵지 않지만 일부 상당수의 다문화가정 청소년들에게는 친구 사귀기가 어려운 심각한 문제인 것을 알 수 있었다.

① 다문화청소년 유형별

다문화청소년의 유형별로 친구 사귀기가 힘든가를 분석해 보면 국제결혼가정 청소년의 경우 '전혀 그렇지 않다(28.3%)'가 가장 높게 나타났으며 외국인근로자가정 청소년의 경우에는 '보통이다(28.6%)'가 가장 높게 나왔다. 그러나 친구 사귀기가 어렵다고 하는 응답인 '그렇다'의 경우를 보면 국제결혼가정 청소년들의 응답이 25%로써 14.3%인 외국인근로자가정 청소년들보다 다소 높게 나타났다. 즉 외국인근로자가정 청소년들보다는 국제결혼가정 청소년들이 친구 사귀기를 더 어려워한다는 것을 알 수 있었다.

② 성별

성별로 살펴보면 남자 청소년의 경우 '보통이다(27.6%)'가 가장 높게 나타났다. 반면에 여자 청소년의 경우에는 '전혀 그렇지 않다(30%)'가 가장 높게 나왔다. 그러나 친구 사귀기가 어렵다고 하는 응답인 '매우 그렇다'의 경우를 보면 여자 청소년들의 응답이 22.5%로써 5.3%인 남자 청소년들보다 아주 높게 나타났다. 즉 남자 청소년들보다는 여자 청소년들이 친구 사귀기를 더 어려워한다는 것을 알 수 있었다.

③ 학력별

학력별로는 초등학생은 '보통이다(31.6%)'가, 중학생은 '전혀 그렇지 않다(34.1%)'가, 고등학생은 '그렇지 않다(26.5%)'가 가장 높게 나타났다. 한편 친구 사귀기가 힘들다고 하는 응답인 '매우 그렇다'의 경우를 보면 고등학생이 23.5%, 초등학생이 18.4%, 중학생이 18.2% 순으로 나왔다.

(4) 언어 습득하기

다문화가정 청소년들에게 한글과 한국어를 배우기가 어떤지를 물어본 결과 언어를 습득하기가 어렵다는 응답은 19.8%(그렇다 12.9%, 매우 그렇다 6.9%)로 다소 낮게 나타난 반면에 어렵지 않다는 응답은 56.7%(그렇지 않다 31%, 전혀 그렇지 않다 26.7%)로 다소 높게 나타났다. 대체적으로 다문화가정 청소년들에게 있어서는 한글 및 한국어 배우기가 어렵지 않지만 일부 상당수의 다문화가정 청소년들에게는 언어 습득하기가 어려운 심각한 문제인 것을 알 수 있었다.

① 다문화청소년 유형별

다문화청소년의 유형별로 언어 습득하기가 힘든가를 분석해 보면 국제결혼가정 청소년의 경우 '그렇지 않다(31.7%)'가 가장 높게 나타났으며 외국인근로자가정 청소년의 경우에는 '전혀 그렇지 않다(35.7%)'가 가장 높게 나왔다. 그러나 언어 습득하기가 어렵다고 하는 응답인 '매우 그렇다'의 경우를 보면 국제결혼가정 청소년들의 응답이 11.7%로써 1.8%인 외국인근로자가정 청소년들보다 매우 높게 나타났다. 즉 외국인근로자가정 청소년들보다는 국제결혼가정 청소년들이 언어 습득하기를 더 어려워한다는 것을 알 수 있었다.

② 성별

성별로 살펴보면 남자 청소년의 경우 '그렇지 않다(35.5%)'가 가장 높게 나왔으며 여자 청소년의 경우는 '전혀 그렇지 않다(47.5%)'가 가장 높게 나왔다.

그러나 언어 습득하기가 어렵다고 하는 응답인 '매우 그렇다'의 경우를 보면 남자 청소년들의 응답이 10.5%로써 0%인 여자 청소년들보다 아주 높게 나타났다. 즉 여자 청소년들보다는 남자 청소년들이 언어 습득하기를 매우 어려워한다는 것을 알 수 있었다.

③ 학력별

학력별로는 초등학생의 경우 '보통이다(31.6%)'가 가장 높게 나타난 반면에 중학생은 '전혀 그렇지 않다(38.6%)'가, 고등학생은 '그렇지 않다(38.2%)'가 가장 높게 나왔다.

한편 언어 습득하기가 힘들다고 하는 응답인 '매우 그렇다'의 경우를 보면 고등학생이 17.6%, 중학생이 4.5%, 초등학생은 0% 순으로 나왔다. 대체적으로 연령 높은 고학년의 학생들이 언어 습득하기를 힘들어한다는 것을 알 수 있었다.

(5) 행동과 가치의 차이

다문화가정 청소년들에게 행동과 가치의 차이 때문에 학교 및 사회생활에 적응하기 힘든지를 조사해 본 결과 행동과 가치의 차이 때문에 힘들다는 응답은 19%(그렇다 18.1%, 매우 그렇다 0.9%)로 다소 낮게 나타난 반면에 힘들지 않다는 응답은 56.9%(그렇지 않다 26.7%, 전혀 그렇지 않다 30.2%)로 다소 높게 나타났다. 대체적으로 다문화가정 청소년들이 학교나 사회생활에 적응하는 데 있어서 행동과 가치의 차이로 인해 어려움을 겪고 있지는 않지만 일부 상당수의 다문화가정 청소년들은 이 문제로 인하여 어려워한다는 것을 알 수 있었다.

① 다문화청소년 유형별

다문화청소년의 유형별로 행동과 가치의 차이 때문에 학교나 사회생활에 적응하기가 힘든지를 분석해 보면 국제결혼가정 청소년의 경우 '그렇다(35%)'가 가장 높게 나타난 반면에 외국인근로자가정 청소년의 경우에는 '전혀 그렇지 않다(42.9%)'가 가장 높게 나왔다. 즉 외국인근로자가정 청소년들보다는 국제결혼가정 청소년들이 행동과 가치의 차이 때문에 학교 및 사회생활에 적응하는 데 있어서 매우 힘들어한다는 것을 알 수 있었다.

② 성별

성별로 살펴보면 남자 청소년의 경우 '그렇지 않다(30.3%)'가 가장 높게 나타난 반면에 여자 청소년의 경우에는 '전혀 그렇지 않다(42.5%)'가 가장 높게 나왔다. 그러나 행동과 가치 차이 때문에 힘들다는 응답인 '그렇다'의 경우를 보면 남자 청소년들의 응답이 21.1%로써 12.5%인 여자 청소년들보다 다소 높게 나타났다. 즉 여자 청소년들보다는 남자 청소년들이 행동과 가치의 차이 때문에 학교 및 사회생활에 적응하는 데 있어서 더 힘들어한다는 것을 알 수 있었다.

③ 학력별

학력별로는 초등학생은 '전혀 그렇지 않다(34.2%)'가, 중학생은

‘그렇지 않다(34.1%)’가, 고등학생은 ‘그렇지 않다(29.4%)’가 가장 높게 나타났다. 한편 행동과 가치의 차이 때문에 학교 및 사회생활에 적응하기가 힘들다는 응답인 ‘그렇다’의 경우를 보면 초등학생이 21.1%, 고등학생이 17.6%, 중학생이 15.9% 순으로 나왔다.

(6) 인권침해

다문화가정 청소년들에게 인권침해 때문에 학교 및 사회생활에 적응하기 힘든지를 조사해 본 결과 인권침해 때문에 힘들다는 응답은 아주 낮은 6.9%(그렇다 6%, 매우 그렇다 0.9%)에 불과한 반면에 힘들지 않다는 응답은 59.5%(그렇지 않다 22.4%, 전혀 그렇지 않다 37.1%)로 상당히 높게 나타났다. 대체적으로 다문화가정 청소년들이 학교나 사회생활에 적응하는 데 있어서 인권침해 문제로 인해 어려움을 겪고 있지는 않을 뿐만 아니라 인권침해가 심각한 수준이 아니라는 것을 알 수 있었다.

① 다문화청소년 유형별

다문화청소년의 유형별로 인권침해 때문에 학교나 사회생활에 적응하기가 힘든지를 분석해 보면 국제결혼가정 청소년의 경우 ‘보통이다(40%)’가 가장 높게 나타난 반면에 외국인근로자가정 청소년의 경우에는 ‘전혀 그렇지 않다(44.6%)’가 가장 높게 나왔다. 그러나 인권침해 때문에 힘들다고 하는 응답인 ‘그렇다’의 경우를 보면 외국인근로자가정 청소년들의 응답이 7.1%로써 5%인 국제결혼가정 청소년들보다 높게 나타났다. 즉 국제결혼가정 청소년들보다는 외국인근로자가정 청소년들이 인권침해 때문에 학교 및 사회생활에 적응하는 데 있어서 더 힘들어한다는 것을 알 수 있었다.

② 성별

성별로 살펴보면 남자 청소년의 경우 '보통이다(44.7%)'가 가장 높게 나타난 반면에 여자 청소년의 경우에는 '전혀 그렇지 않다(57.5%)'가 가장 높게 나왔다. 그러나 인권침해 때문에 힘들다는 응답인 '그렇다'의 경우를 보면 여자 청소년들의 응답이 7.5%로써 5.3%인 남자 청소년들보다 높게 나타났다. 즉 남자 청소년들보다는 여자 청소년들이 인권침해 때문에 학교나 사회생활에 적응하는 데 있어서 더 힘들어한다는 것을 알 수 있었다.

③ 학력별

학력별로는 초등학생과 중학생의 경우는 '전혀 그렇지 않다'가 가장 높게 나나난 반면에 고등학생은 '보통이다'가 가장 높게 나타났다. 그러나 인권침해 때문에 학교 및 사회생활에 적응하기가 힘들다는 응답인 '그렇다'의 경우를 보면 고등학생이 8.8%, 초등학생이 5.3%, 중학생이 4.5% 순으로 나왔다.

3) 고민 및 걱정거리

다문화가정 청소년에게 현재 자신의 가장 큰 고민과 걱정은 무엇인지 물어본 결과 공부·학업문제 39.7%가 가장 높게 나왔으며, 그 다음으로 언어(말투, 말씨, 한글 등)문제 14.7%, 직업이나 진로문제 9.5% 순으로 높게 나타났다. 반면에 놀림과 따돌림 7.6%와 외모문제는 6.9%로 비교적 낮게 나타났다. 우리가 일반적으로 높게 나타날 것이라고 생각하는 겉으로 드러난 피상적인 다문화청소년의 고민 및 걱정거리와는 다르게 나타나고 있었다.

① 다문화청소년 유형별

다문화청소년의 유형별로 고민 및 걱정거리를 분석해 보면 국제결혼가정 청소년의 경우 공부 및 학업문제(33.3%)가 가장 높게 나타났으며, 그 다음으로 직업 및 진로문제(13.3%)가 높게 나타났다. 반면에 외국인근로자가정 청소년의 경우에는 공부·학업문제(46.4%)가 가장 높게 나왔으며, 그 다음으로 언어문제(17.9%)가 높게 나왔다.

② 성별

성별로 살펴보면 남자 청소년의 경우 공부 및 학업문제(43.4%)가 가장 큰 고민 및 걱정거리로 나타났으며, 그 다음으로 언어문제(13.2%)가 높게 나타났다. 또한 여자 청소년의 경우에도 공부 및 학업문제(32.5%)가 가장 높게 나왔으며, 그 다음으로는 언어문제(17.5%)가 높은 응답률을 보였다.

③ 학력별

학력별로는 초등학생의 경우 공부 및 학업문제(42.1%)가 가장 높게 나타났으며, 그 다음으로 놀림과 따돌림(18.4%)이 높게 나타났다. 중학생의 경우에도 공부 및 학업문제(40.9%)가 가장 높게 나타났으나, 그 다음으로는 언어문제(18.2%)가 높게 나타났다.

고등학생의 경우에도 공부 및 학업문제(35.3%)가 가장 높게 나왔으나, 그 다음으로는 직업 및 진로문제(14.7%)가 높게 나타났다. 초·중·고 학생들 모두는 학업 및 공부문제를 자신들의 가장 큰 고민 및 걱정거리로 생각하고 있었다.

3. 국가에 대한 소속감과 만족도

1) 국가에 대한 소속감

다문화가정 청소년에게 자신은 어느 나라 사람이라고 생각하는지 물어본 결과 56.9%가 자신을 외국인이라고 생각하는 반면에 9.5%만이 본인을 한국인이라고 지각하는 것으로 나타났다. 이는 한국의 다문화가정 청소년 실태(금명자·이영선·김수리·손재환·이현숙·김민정, 2006)조사 결과[3]와는 매우 상이한 결과이다.

① 다문화청소년 유형별

다문화청소년의 유형별로 국가에 대한 소속감을 분석해 보면 국제결혼가정 청소년의 경우 '나는 외국인이다(43.3%)'가 가장 높게 나타났으며, 그 다음으로 '나는 한국인과 외국인 모두에 해당된다(33.3%)'가 높게 나타났다. 외국인근로자가정 청소년의 경우에도 '나는 외국인이다(71.4%)'가 가장 높게 나왔으나 그 다음으로는 '나는 한국인과 외국인 모두에 해당되지 않는다(16.1%)'가 높게 나왔다.

대체적으로 대부분의 많은 국제결혼가정 청소년들과 외국인근로자가정 청소년들 모두는 자신을 외국인이라고 생각하고 있었다. 특히 외국인근로자가정 청소년들이 국제결혼가정 청소년에 비해 국가에 대한 소속감이 약한 것으로 나타났다.

② 성별

성별로 살펴보면 남자 청소년의 경우 '나는 외국인이다(67.1)'가

---

3) 한국의 다문화가정 청소년 실태(금명자·이영선·김수리·손재환·이현숙·김민정, 2006) 조사 결과를 살펴보면 43.5%가 자신을 '한국인과 외국인 모두'에 해당된다고 생각하고 있었으며, 32.6%는 본인을 '한국인'이라고 지각하는 것으로 나타났다.

가장 높게 나타났으며, 그 다음으로 '나는 한국인과 외국인 모두에 해당된다(15.8%)'가 높게 나타났다. 여자 청소년의 경우에도 '나는 외국인이다(37.5%)'가 가장 높게 나왔으며, 그 다음으로는 '나는 한국인과 외국인 모두에 해당된다(32.5%)'가 높게 나왔다. 대체적으로 대부분의 많은 남녀 청소년들이 자신을 외국인이라고 생각하고 있었다.

③ 학력별

학력별로는 초등학생의 경우 '나는 외국인이다(52.6%)'가 가장 높게 나타났으며, 그 다음으로 '나는 한국인이다(18.4%)'가 높게 나타났다. 중학생의 경우에도 '나는 외국인이다(56.8%)'가 가장 높게 나왔으나 그 다음으로는 '나는 한국인과 외국인 모두에 해당된다(18.2%)'가 높게 나왔다.

또한, 고등학생의 경우에도 '나는 외국인이다(61.8%)'가 가장 높게 나타났으며, 그 다음으로는 '나는 한국인과 외국인 모두에 해당된다(32.4%)'가 높은 응답률을 보였다. 대다수의 초·중·고 학생들 모두는 자신을 외국인이라고 생각하고 있었으며, 대체적으로 연령 높은 고학년 학생들이 국가에 대한 소속감이 약한 것으로 나타났다.

2) 한국에 대한 만족도

다문화가정 청소년에게 현재 한국생활에 대해서 어느 정도 만족하고 있는지 물어본 결과 만족한다는 긍정적인 응답은 45.7%(만족 31%, 매우 만족 14.7%)로 나타난 반면에 불만족한다는 부정적 응답은 8.6%(불만족 6%, 매우 불만족 2.6%)에 그쳤다. 대체적으로 다문화청소년들은 한국생활에 만족하고 있음을 알 수 있었다.

① 다문화청소년 유형별

다문화청소년의 유형별로 한국에 대한 만족도를 분석해 보면 국제결혼가정 청소년과 외국인근로자가정 청소년들 모두의 경우에 '보통이다'가 가장 높게 나타났다. 그러나 한국생활에 '매우 만족한다'는 응답을 보면 국제결혼가정 청소년들의 응답이 18.3%로써 10.7%인 외국인근로자가정 청소년들보다 다소 높게 나타났다. 즉 국제결혼가정 청소년들이 외국인근로자가정 청소년들보다 더 한국생활에 만족하고 있었다.

② 성별

성별로 살펴보면 남녀 청소년들 모두의 경우에서 한국생활에 대한 만족 정도는 '보통이다'가 가장 높게 나타났다. 그러나 한국생활에 매우 만족한다는 응답을 보면 여자 청소년들의 응답이 15%로써 14.5%인 남자 청소년들보다 약간 높게 나타났다.

③ 학력별

학력별로는 초·중·고 학생들 모두의 경우에서 '보통이다'가 가장 높게 나타났다. 그러나 한국생활에 '매우 만족한다'는 응답을 보면 초등학생이 23.7%, 중학생이 15.9%, 고등학생이 2.9% 순으로 나왔다. 대체적으로 연령이 낮은 저학년 학생들이 한국생활에 더 만족하고 있는 것을 알 수 있었다.

3) 이민희망 여부

다문화가정 청소년에게 본국이나 다른 나라에 가서 살고 싶은 생각이 있는지 물어본 결과 23.3%가 이민을 가고 싶어 하지 않는 것으로 대답한 반면에 37.1%는 이민을 가고 싶어 하는 것으로 나타났다.

① 다문화청소년 유형별

다문화청소년의 유형별로 이민희망 여부를 분석해 보면 국제결혼가정 청소년의 경우 '잘 모르겠다(45%)'가 가장 높게 나타난 반면에 외국인근로자가정 청소년의 경우에는 '예(53.6%)'가 가장 높게 나왔다. 즉 외국인근로자가정 청소년들이 국제결혼가정 청소년들보다 더 이민을 가고 싶어 하고 있었다.

② 성별

성별로 살펴보면 남자 청소년의 경우 '잘 모르겠다(47.4%)'가 가장 높게 나타난 반면에 여자 청소년의 경우에는 '예(42.5%)'가 가장 높게 나왔다. 즉 남자 청소년들보다 여자 청소년들이 이민을 더 가고 싶어 하는 것을 알 수 있었다.

③ 학력별

학력별로는 초등학생과 고등학생의 경우는 이민에 대해 잘 모르겠다는 응답이 가장 높게 나타난 반면에 중학생의 경우에는 이민을 가고 싶다는 응답인 '예(45.5%)'가 가장 높게 나왔다.

4. 가정생활

1) 가정생활 만족도

다문화청소년의 가정생활 만족도를 조사한 내용이 제시되어 있다.

자세히 살펴보면 만족스럽다는 긍정적인 응답은 47.4%(만족 30.2%, 매우 만족 17.2%)로 다소 높게 나타난 반면에 불만족스럽다는 부정적 응답은 6.9%(불만족 5.2%, 매우 불만족 1.7%)에 그쳤다. 대부분의 다문화청소년들은 가정생활에 만족하고 있음을 알 수 있었다.

① 다문화청소년 유형별

다문화청소년의 유형별로 가정생활 만족도를 분석해 보면 국제결혼가정 청소년의 경우 '보통이다(56.7%)'가 가장 높게 나타났다. 반면에 외국인근로자가정 청소년의 경우에는 '만족스럽다(44.6%)'가 가장 높은 응답률을 보였다. 한편 가정생활에 '매우 만족한다'는 응답을 보면 외국인근로자가정 청소년들의 응답이 19.6%로써 15%인 국제결혼가정 청소년들보다 다소 높게 나타났다. 즉 외국인근로자가정 청소년들이 국제결혼가정 청소년들보다 더 가정생활에 만족하고 있다는 것을 알 수 있었다.

② 성별

성별로 살펴보면 남녀 청소년들 모두의 경우 '보통이다'가 가장 높은 응답률을 보였다. 한편 가정생활에 만족한다는 응답의 경우를 보면 여자 청소년들의 응답이 37.5%로써 26.3%인 남자 청소년들보다 다소 높게 나타났다.

③ 학력별

학력별로는 초·중·고 학생들 모두의 경우에서 '보통이다'가 가장 높게 나왔다. 한편 가정생활에 만족한다는 응답을 보면 초등학생이 36.8%, 중학생이 31.8%, 고등학생이 20.6% 순으로 나타났다. 대체적으로 연령이 낮은 저학년 학생들이 가정생활에 더 만족하고 있다는 것을 알 수 있었다.

2) 부모와의 대화 정도

다문화가정 청소년과 부모와의 대화 정도를 조사한 내용이 제시되어 있다. 자세히 살펴보면 대화한다는 응답이 56%(가끔 대화 27.6%, 자주 대화 28.4%)로 매우 높게 나타난 반면에 대화하지 않는다는 응답은 10.3%(별로 대화 안함 8.6%, 전혀 대화 안함 1.7%)에 그쳤다. 대부분의 많은 다문화청소년들이 부모와 대화한 것을 알 수 있었다.

① 다문화청소년 유형별

다문화청소년의 유형별로 부모와의 대화 정도를 분석해 보면 국제결혼가정 청소년과 외국인근로자가정 청소년들 모두의 경우에 '보통이다'가 가장 높은 응답률을 보였다. 한편 부모님과 '자주 대화'한다는 응답을 보면 외국인근로자가정 청소년들의 응답이 35.7%로써 21.7%인 국제결혼가정 청소년들보다 높게 나타났다. 즉 외국인근로자가정 청소년들이 국제결혼가정 청소년들보다 더 자주 부모님들과 대화하는 것으로 나왔다.

② 성별

성별로 살펴보면 남자 청소년의 경우 '보통이다(35.5%)'가 가장 높은 응답률을 보인 반면에 여자 청소년의 경우에는 '자주 대화한다(35%)'가 가장 높게 나왔다. 즉 여자 청소년들이 남자 청소년들보다 더 자주 부모님들과 대화를 하고 있다는 것을 알 수 있었다.

③ 학력별

학력별로는 초등학생의 경우 '가끔 대화한다(39.5%)'가 가장 높은 응답률을 보인 반면에 중학생은 '자주 대화한다(38.6%)'가 가장

높게 나왔다. 한편 고등학생의 경우에는 '보통이다(61.8%)'가 가장
높은 응답률을 보였다.

5. 학교생활

1) 학교생활 만족도

다문화청소년에게 현재 학교생활에 대해서 어느 정도 만족하고
있는지 물어본 결과 만족스럽다는 긍정적인 응답은 39.7%(만족
31.9%, 매우 만족 7.8%)로 다소 높게 나타난 반면에 불만족스럽다
는 부정적 응답은 18.1%(불만족 12.9%, 매우 불만족 5.2%)로 나타
났다. 대다수의 다문화청소년들이 학교생활에 만족하고 있는 것을
알 수 있지만 일부 상당수의 다문화가정 청소년들은 학교생활에
만족하지 못하다는 것을 알 수 있었다.

① 다문화청소년 유형별

다문화청소년의 유형별로 학교생활 만족도를 분석해 보면 국제
결혼가정 청소년의 경우 '보통이다(45%)'가 가장 높게 나타났으며,
외국인근로자가정 청소년의 경우에도 '보통이다(39.3%)'가 가장 높
은 응답률을 보였다.

한편 학교생활에 만족한다는 응답을 보면 외국인근로자가정 청소
년들의 응답이 33.9%로써 30%인 국제결혼가정 청소년들보다 다소
높게 나타났다. 즉 외국인근로자가정 청소년들이 국제결혼가정 청
소년들보다 더 학교생활에 만족하고 있다는 것을 알 수 있었다.

② 성별

성별로 살펴보면 남녀 청소년들 모두의 경우 '보통이다'가 가장 높은 응답률을 보였다. 한편 학교생활에 만족한다는 응답을 보면 남자 청소년들의 응답이 35.5%로써 25%인 여자 청소년들보다 높게 나타났다. 즉 남자 청소년들이 여자 청소년들보다 더 학교생활에 만족하고 있었다.

③ 학력별

학력별로는 중학생과 고등학생의 경우에는 '보통이다'가 가장 높게 나타난 반면에 초등학생의 경우는 '만족스럽다'가 가장 높은 응답률을 보였다. 한편 학교생활에 만족한다는 응답의 경우를 보면 초등학생이 39.5%, 중학생이 31.8%, 고등학생이 23.5% 순으로 나타났다. 대체적으로 연령이 낮은 저학년 학생들이 학교생활에 더 만족하고 있었다.

2) 선생님과의 대화 정도

다문화가정 청소년들이 선생님과 어느 정도 자주 대화하는지 물어본 결과 대화한다고 하는 응답이 41.4%(자주 대화 33.6%, 매우 자주 대화 7.8%)로 높게 나타난 반면에 대화하지 않는다고 하는 응답은 23.3%(별로 대화 안함 20.7%, 전혀 대화 안함 2.6%)로 나타났다. 대다수의 많은 다문화가정 청소년들이 선생님과 대화한 것을 알 수 있었다.

① 다문화청소년 유형별

다문화청소년의 유형별로 선생님과의 대화 정도를 분석해 보면 국제결혼가정 청소년의 경우 별로 대화하지 않는다(33.3%)가 가장 높게 나타난 반면에 외국인근로자가정 청소년의 경우에는 보통이다(44.6%)가 가장 높은 응답률을 보였다. 한편 선생님과 자주 대화한다는 응답의 경우를 보면 외국인근로자가정 청소년들의 응답이 37.5%로써 30%인 국제결혼가정 청소년들보다 높게 나타났다. 즉 외국인근로자가정 청소년들이 국제결혼가정 청소년들보다 더 자주 선생님과 대화를 하는 것으로 나타났다.

② 성별

성별로 살펴보면 남녀 청소년들 모두의 경우 보통이다가 가장 높은 응답률을 보였다. 한편 선생님과 자주 대화한다는 응답의 경우를 보면 여자 청소년들의 응답이 37.5%로써 31.6%인 남자 청소년들보다 높게 나타났다. 즉 여자 청소년들이 남자 청소년들보다 더 자주 선생님과 대화를 하고 있다는 것을 알 수 있었다.

③ 학력별

학력별로는 초등학생과 고등학생의 경우는 '보통이다'가 가장 높은 응답률을 보인 반면에 중학생의 경우에는 자주 대화한다가 가장 높게 나타났다.

3) 친구와의 대화 정도

다문화가정 청소년과 학교친구와의 대화 정도를 조사한 내용이 제시되어 있다. 자세히 살펴보면 대화한다는 응답이 70.7%(자주 대화 37.1%, 매우 자주 대화 33.6%)로 아주 높게 나타난 반면에 별로 대화하지 않는다는 응답은 7.8%에 그쳤다. 전반적으로 다문화가정 청소년들은 학교에서 친구들과 자주 대화하고 잘 지내고 있는 것을 알 수 있었다.

① 다문화청소년 유형별

다문화청소년의 유형별로 친구와의 대화 정도를 분석해 보면 국제결혼가정 청소년의 경우 '자주 대화한다(40%)'가 가장 높게 나타난 반면에 외국인근로자가정 청소년의 경우에는 '매우 자주 대화한다(37.5%)'가 가장 높은 응답률을 보였다. 한편 친구와 매우 자주 대화한다는 응답의 경우를 보면 외국인근로자가정 청소년들의 응답이 37.5%로써 30%인 국제결혼가정 청소년들보다 높게 나타났다. 즉 외국인근로자가정 청소년들이 국제결혼가정 청소년들보다 더 자주 친구들과 대화를 하는 것으로 나타났다.

② 성별

성별로 살펴보면 남자 청소년의 경우 '자주 대화한다(43.4%)'가 가장 높게 나타난 반면에 여자 청소년의 경우에는 '매우 자주 대화한다(55%)'가 가장 높은 응답률을 보였다. 한편 친구와의 '매우 자주 대화한다'는 응답을 보면 여자 청소년들의 응답이 55%로써 22.4%인 남자 청소년들보다 높게 나타났다. 즉 여자 청소년들이 남자 청소년들보다 더 자주 친구들과 대화를 하는 것으로 나타났다.

③ 학력별

학력별로는 초등학생과 고등학생의 경우는 '자주 대화한다'가 가장 높은 응답률을 보인 반면에 중학생의 경우에는 매우 자주 대화한다가 가장 높게 나타났다.

4) 학교생활의 불편 및 애로점

다문화가정 청소년에게 학교생활 중 가장 불만스러운 것이 무엇인지 물어본 결과 배우는 내용(20.7%)'이 가장 높게 나왔으며, 그 다음으로 친구관계(12.9%), 선생님과의 관계(10.3%), 놀림과 따돌림(9.5%) 순으로 높게 나타났다. 대체적으로 다문화가정 청소년들에게 있어서 학교생활 중 배우는 내용과 친구관계에 대해 주로 불만스러워하고 있다는 것을 알 수 있었다.

① 다문화청소년 유형별

다문화청소년의 유형별로 학교생활 중 불만스러운 점을 분석해보면 국제결혼가정 청소년의 경우 '배우는 내용(30%)'이 학교생활 중 가장 불만스러운 것으로 나타났으며, 그 다음으로 불만스러운 것은 '선생님과의 관계(15%)'로 나타났다. 반면에 외국인근로자가정 청소년의 경우에는 친구관계(25%)가 가장 불만스러운 것으로 나왔으며, 그 다음으로 불만스러운 것은 놀림과 따돌림(16.1%)이었다.

② 성별

성별로 살펴보면 남녀 청소년들 모두에게 있어서 학교생활 중 가장 불만스러운 것은 배우는 내용이었다. 그 다음으로 불만스러운 것은 친구관계였다.

③ 학력별

학력별로는 초등학생의 경우 학교생활 중 가장 불만스러운 것은 배우는 내용(21.1%)이었으며, 그 다음으로 불만스러운 것은 친구관계(18.4%)였다. 중학생은 배우는 내용(15.9%)과 친구관계(15.9%)가 가장 불만스러운 것으로 나왔다. 한편 고등학생의 경우에는 배우는 내용(26.5%)이 가장 불만스러운 것이었으며, 그 다음으로 불만스러운 것은 자율학습(14.7%)이었다.

5) 왕따 및 폭행 경험여부

다문화가정 청소년에게 학교나 학교주변에서 왕따나 폭행을 당해 본 적이 있는지를 물어본 결과 없다가 85.3%인 반면에 있다는 14.7%였다[4]. 대체적으로 대부분의 다문화가정 청소년들에게는 이 문제가 일어나지 않고 있지만 일부 소수의 다문화가정 청소년들에게는 왕따 및 폭행이 일어나고 있다는 것을 알 수 있었다.

① 다문화청소년 유형별

다문화청소년의 유형별로 왕따 및 폭행 경험여부를 분석해 보면 국제결혼가정 청소년의 경우 11.7%가 왕따 및 폭행경험이 있는 것으로 나타난 반면에 88.3%는 경험이 없었다.

한편 외국인근로자가정 청소년의 경우에는 17.9%가 경험이 있는 반면에 82.1%는 왕따 및 폭행경험이 없는 것으로 나왔다. 그리고 국제결혼가정 청소년들보다 외국인근로자가정 청소년들에게서 왕따 및 폭행경험이 더 높게 나타나고 있었다.

② 성별

성별로 살펴보면 남자 청소년의 경우 15.8%가 왕따 및 폭행경험이 있는 반면에 84.2%는 경험이 없는 것으로 나왔다.

한편 여자 청소년의 경우에는 12.5%가 경험이 있는 반면에 87.5%

---

4) 한국교육개발원(2005)의 전국 초등학교 4~6학년 3,507명을 대상으로 조사한 결과에 의하면 조사대상자의 13.4%에 해당하는 학생이 집단 괴롭힘이나 따돌림을 경험한 적이 있다고 응답한 결과보다 약간 높게 나타남.

는 왕따 및 폭행경험이 없었다. 남자 청소년들의 왕따 및 폭행경험이 여자 청소년들보다 더 높게 나타났다.

③ 학력별

학력별로는 초등학생의 경우 15.8%가 왕따 및 폭행경험이 있는 반면에 84.2%는 경험이 없는 것으로 나왔다. 중학생은 15.9%가 경험이 있는 반면에 84.1%는 경험이 없었다.

한편 고등학생의 경우에는 11.8%가 경험이 있는 반면에 88.2%는 왕따 및 폭행경험이 없는 것으로 나타났다.

6. 지역사회 생활

1) 지역사회 생활 만족도

다문화가정 청소년의 지역사회 생활 만족도를 조사한 내용이 제시되어 있다. 보다 자세히 살펴보면 만족스럽다는 긍정적인 응답은 34.4%(만족 28.4%, 매우 만족 6%)로 나타난 반면에 불만족스럽다는 부정적 응답은 13.7%(불만족 10.3%, 매우 불만족 3.4%)에 그쳤다. 많은 다문화가정 청소년들이 지역사회 생활에 만족하고 있음을 알 수 있었다.

① 다문화청소년 유형별

다문화청소년의 유형별로 지역사회 생활 만족도를 분석해 보면 국제결혼가정 청소년의 경우 '보통이다(60%)'가 가장 높게 나타났으며, 외국인근로자가정 청소년의 경우에도 '보통이다(42.9%)'가 가장 높은 응답률을 보였다. 한편 지역사회 생활에 불만족한다는

응답을 보면 외국인근로자가정 청소년들의 응답이 16.1%로써 5%
인 국제결혼가정 청소년들보다 높게 나타났다. 즉 외국인근로자가
정 청소년들이 국제결혼가정 청소년들보다 더 지역사회 생활에 불
만족하고 있다는 것을 알 수 있었다.

② 성별

성별로 살펴보면 남자 청소년의 경우 '보통이다(57.9%)'가 가장
높은 응답률을 보였으며, 여자 청소년의 경우에도 '보통이다(40%)'
가 가장 높게 나타났다. 한편 지역사회 생활에 만족한다는 응답의
경우를 보면 여자 청소년들의 응답이 37.5%로써 23.7%인 남자 청
소년들보다 높게 나타났다. 즉 여자 청소년들이 남자 청소년들보다
더 지역사회 생활에 만족하고 있었다.

③ 학력별

학력별로는 초·중·고 학생들 모두의 경우 '보통이다'가 가장
높은 응답률을 보였다. 한편 지역사회 생활에 매우 불만족하다는
응답을 보면 초등학생이 5.3%, 중학생이 4.5%, 고등학생이 0% 순
으로 나타났다.

2) 이웃과의 관계정도

다문화가정 청소년들과 이웃과의 관계를 조사해 본 결과 좋은
편이다고 하는 응답이 52.5%(좋음 35.3%, 매우 좋음 17.2%)로 매
우 높게 나타난 반면에 나쁜 편이다고 하는 응답은 7.7%(나쁨 4.3%,
매우 나쁨 3.4%)에 그쳤다. 전반적으로 다문화가정 청소년들은 이
웃과 좋은 관계를 유지하고 있는 것을 알 수 있었다.

① 다문화청소년 유형별

다문화청소년의 유형별로 이웃과의 관계 정도를 분석해 보면 국제결혼가정 청소년의 경우 '보통이다(60%)'가 가장 높게 나타난 반면에 외국인근로자가정 청소년의 경우에는 '좋은 편이다(48.2%)'가 가장 높은 응답률을 보였다. 한편 이웃과의 관계가 매우 좋다는 응답의 경우를 보면 외국인근로자가정 청소년들의 응답이 28.6%로써 6.7%인 국제결혼가정 청소년들보다 훨씬 높게 나타났다. 즉 외국인근로자가정 청소년들이 국제결혼가정 청소년들보다 이웃들과의 관계가 더 좋은 것으로 나타났다.

② 성별

성별로 살펴보면 남자 청소년의 경우 '보통이다(48.7%)'가 가장 높게 나타난 반면에 여자 청소년의 경우에는 '좋은 편이다(57.8%)'가 가장 높은 응답률을 보였다. 한편 이웃과의 관계가 좋은 편이라는 응답을 보면 여자 청소년들의 응답이 57.5%로써 23.7%인 남자 청소년들보다 매우 높게 나타났다. 즉 여자 청소년들이 남자 청소년들보다 이웃들과의 관계가 더 좋다는 것을 알 수 있었다.

③ 학력별

학력별로는 초등학생과 중학생의 경우 '이웃들과의 관계가 좋은 편이다'라는 응답 비율이 가장 높게 나타난 반면에 고등학생의 경우에는 '보통이다'라는 응답이 가장 높은 응답률을 보였다.

3) 마을행사 참여정도

다문화가정 청소년에게 이웃과 함께하는 일이나 행사에 어느 정

도 참여하고 있는지를 물어본 결과 참여하지 않는다고 하는 응답
이 42.2%(별로 참여하지 않는다는 15.5%, 전혀 참여하지 않는다는
26.7%)로 매우 높게 나타난 반면에 참여한다고 하는 응답은 18.1%
(자주 참여한다가 12.9%, 매우 자주 참여한다가 5.2%)에 그쳤다.
대부분의 다문화가정 청소년들은 이웃과 함께하는 일이나 행사에
참여하지 않고 있다는 것을 알 수 있었다.

① 다문화청소년 유형별

다문화청소년의 유형별로 마을행사 참여 정도를 분석해 보면 국
제결혼가정 청소년과 외국인근로자가정 청소년들 모두의 경우에
'보통이다'가 가장 높게 나타났다. 한편 이웃과 함께하는 일이나
행사에 매우 자주 참여한다는 응답의 경우를 보면 국제결혼가정
청소년들의 응답이 8.3%로써 1.8%인 외국인근로자가정 청소년들
보다 높게 나타났다.

② 성별

성별로 살펴보면 이 남자 청소년의 경우 '보통이다(44.7%)'가 가
장 높게 나타난 반면에 여자 청소년의 경우에는 '전혀 참여하지 않
는다(37.5%)'가 가장 높은 응답률을 보였다. 한편 이웃과 함께하는
일이나 행사에 자주 참여한다는 응답을 보면 여자 청소년들의 응
답이 15%로써 11.8%인 남자 청소년들보다 높게 나타났다.

③ 학력별

학력별로는 초등학생과 중학생 모두의 경우에 '보통이다'가 가장
높게 나타난 반면에 고등학생의 경우에는 '전혀 참여하지 않는다'
가 가장 높은 응답률을 보였다. 한편 이웃과 함께하는 일이나 행
사에 전혀 참여하지 않는다는 응답의 경우를 보면 고등학생이

32.4%, 중학생이 25%, 초등학생이 23.7% 순으로 나타났다.

7. 문화여가생활

1) 문화여가생활 만족도

다문화가정 청소년에게 문화여가생활에 대해서 어느 정도 만족하고 있는지 물어본 결과 만족스럽다는 긍정적인 응답은 44%(만족 34.5%, 매우 만족 9.5%)로 높게 나타난 반면에 불만족스럽다는 부정적 응답은 13%(불만족 12.1%, 매우 불만족 0.9%)에 그쳤다. 대다수의 다문화가정 청소년들이 문화여가생활에 만족한다는 것을 알 수 있었다.

① 다문화청소년 유형별

다문화청소년의 유형별로 문화여가생활 만족도를 분석해 보면 국제결혼가정 청소년의 경우 '만족스럽다(48.3%)'가 가장 높게 나타났으며, 외국인근로자가정 청소년의 경우에는 '보통이다(60.7%)'가 가장 높은 응답률을 보였다. 한편 '문화여가생활에 만족한다'는 응답을 보면 국제결혼가정 청소년들의 응답이 48.3%로써 19.6%인 외국인근로자가정 청소년들보다 높게 나타났다. 즉 국제결혼가정 청소년들이 외국인근로자가정 청소년들보다 더 문화여가생활에 만족하고 있다는 것을 알 수 있었다.

② 성별

성별로 살펴보면 남녀 청소년들 모두의 경우에 '보통이다'가 가장 높은 응답률을 보였다. 한편 문화여가생활에 만족한다는 응답을 보면 여자 청소년의 응답이 40%로써 31.6%인 남자 청소년들보다 높게 나타났다. 즉 여자 청소년들이 남자 청소년들보다 더 문화여가생활에 만족하고 있었다.

③ 학력별

학력별로는 초등학생과 중학생 모두의 경우에 '보통이다'가 가장 높게 나타난 반면에 고등학생의 경우에는 '만족스럽다'가 가장 높은 응답률을 보였다. 한편 '문화여가생활이 만족스럽다'는 응답의 경우를 보면 고등학생이 44.1%, 중학생이 34.1%, 초등학생이 26.3% 순으로 나타났다. 대체적으로 연령이 많은 고학년 학생들이 문화여가생활에 더 만족하고 있었다.

2) 문화여가활동의 장애요인

다문화가정 청소년에게 문화여가활동을 하는 데 있어 가장 큰 장애요인이 무엇인지를 물어본 결과 '경제적 여유가 없다(23.3%)'가 가장 높게 나타났으며, 그 다음으로 '시간부족(20.7%)', '공부에 방해된다고 부모님이 반대한다(18.1%)', '문화여가활동에 대한 프로그램 부족(12.1%)' 순으로 나왔다. 대부분의 다문화가정 청소년들은 경제적 여유가 없거나 시간부족으로 인해 문화여가활동이 제대로 이루어지지 못하고 있다는 것을 알 수 있었다.

① 다문화청소년 유형별

다문화청소년의 유형별로 문화여가활동의 장애요인을 분석해 보면 국제결혼가정 청소년의 경우 '경제적 여유가 없다(36.7%)'가 문화여가활동 시 가장 큰 장애요인이었으며, 그 다음으로 '공부에 방해가 된다고 부모님이 반대한다(21.7%)'가 높게 나왔다.

반면에 외국인근로자가정 청소년의 경우에는 '시간부족(17.9%)'과 '문화여가활동에 대한 프로그램 부족(17.9%)'이 가장 큰 장애요인이었다.

② 성별

성별로 살펴보면 남자 청소년의 경우 문화여가활동 시 가장 큰 장애요인은 '경제적 여유가 없다(26.3%)'이었으며, 그 다음으로 '시간부족(23.7%)'이 높게 나왔다.

반면에 여자 청소년의 경우에는 '공부에 방해된다고 부모님이 반대한다(20%)'가 가장 높은 응답률을 보였으며, 그 다음으로는 '경제적 여유가 없다(17.5%)'가 높게 나타났다.

③ 학력별

학력별로는 초등학생의 경우 '시간부족(31.6%)'이 문화여가활동 시 가장 큰 장애요인이었으며, 그 다음으로는 '공부에 방해된다고 부모님이 반대한다(18.4%)'와 '경제적 여유가 없다(18.4%)'가 높게 나왔다. 중학생의 경우에도 '시간부족(22.7%)'이 문화여가활동 시 가장 큰 장애요인이었다. 하지만 고등학생의 경우에는 '공부에 방해된다고 부모님이 반대한다(35.3%)'와 '경제적 여유가 없다(32.4%)'가 높게 나왔다.

3) 문화여가활동 시 동반자

다문화가정 청소년에게 누구와 함께 문화여가활동을 하는지 물어본 결과 '친구와 함께(62.9%)'가 가장 높게 나타났으며, 그 다음으로 '가족과 함께(15.5%)', '혼자서(8.6%)' 순으로 나타났다. 대부분의 다문화가정 청소년들은 친구나 가족과 함께 문화여가활동을 하고 있다는 것을 알 수 있었다.

① 다문화청소년 유형별

다문화청소년의 유형별로 누구와 함께 문화여가활동을 하는지를 분석해 보면 국제결혼가정 청소년의 경우 '친구와 함께(70%)'가 가장 높은 응답률을 보였으며, 그 다음으로는 '가족과 함께(15%)'가 높게 나왔다. 또한 외국인근로자가정 청소년의 경우에도 역시 '친구와 함께(55.4%)'가 가장 높았으며, 그 다음으로 '가족과 함께(16.1%)'가 높았다.

② 성별

성별로 살펴보면 남녀 청소년 모두의 경우에서 '친구와 함께 문화여가활동을 보낸다'는 응답이 가장 높게 나타났으며, 그 다음으로는 '가족과 함께', '혼자서' 순으로 나타났다.

③ 학력별

학력별로는 초·중·고 학생들 모두의 경우에서 '친구와 함께 문화여가활동을 보낸다'는 응답이 가장 높게 나타났으며, 그 다음으로는 '가족과 함께', '혼자서' 순으로 높게 나타났다.

8. 미래의 모습 및 전망정도

1) 미래의 나의모습

다문화가정 청소년들에게 자신이 가장 원하는 미래의 모습은 무엇인지 물어본 결과 '가족들과 행복하게 사는 것'이 26.7%로 가장 높게 나왔으며, 그 다음으로 '돈을 많이 버는 것' 25.9%, '존경받는 유명한 사람이 되는 것' 19%, '내 취미와 소질 개발' 12.1%, '어려운 사람을 돕는 것' 8.6% 순으로 나타났다.

① 다문화청소년 유형별

다문화청소년의 유형별로 자신이 가장 원하는 미래의 모습을 분석해 보면 국제결혼가정 청소년의 경우 '돈을 많이 버는 것(41.7%)'이 가장 원하는 미래의 모습이었으며, 그 다음으로는 '가족과 행복하게 사는 것(23.3%)'이 높게 나왔다. 반면에 외국인근로자가정 청소년의 경우에는 '가족들과 행복하게 사는 것(30.4%)'이 가장 바라는 미래의 모습이었으며, 그 다음으로 '존경받는 유명한 사람이 되는 것(23.2%)'이 높게 나타났다.

② 성별

성별로 살펴보면 남자 청소년의 경우 '가족과 행복하게 사는 것(30.3%)'이 가장 원하는 미래의 모습이었으며, 그 다음으로는 '돈을 많이 버는 것(26.3%)'이 높게 나타난 반면에 여자 청소년의 경우에는 '돈을 많이 버는 것(25%)'이 가장 높았으며, 그 다음으로 '가족들과 행복하게 사는 것(20%)'과 '어려운 사람을 돕는 것(20%)'이 높게 나왔다.

③ 학력별

학력별로는 초등학생의 경우 '가족과 행복하게 사는 것(34.2%)'이 가장 바라는 미래의 모습이었으며, 그 다음으로 '돈을 많이 버는 것(21.1%)'이 높게 나왔다. 중학생의 경우는 '존경받는 유명한 사람이 되는 것(29.5%)'이 가장 높았으며, 그 다음으로는 '돈을 많이 버는 것(20.5%)', '가족들과 행복하게 사는 것(20.5%)'이 높게 나왔다.

반면에 고등학생의 경우에는 '돈을 많이 버는 것(38.2%)'이 가장 원하는 미래의 모습이었으며, 그 다음으로 '가족들과 행복하게 사는 것(26.5%)'이 높게 나타났다.

2) 원하는 미래의 직업

다문화가정 청소년들에게 자신이 가장 원하는 미래의 직업은 무엇인지 물어본 결과 전문직(의사, 교수 등)이 16.4%로 다문화가정 청소년이 가장 되고 싶어 하는 직업으로 나왔으며, 그 다음으로 연예인 및 방송인 12.9%, 체육인과 컴퓨터 관련 종사자가 각각 12.1%, 사무직 10.3% 순으로 나타났다.

① 다문화청소년 유형별

다문화청소년의 유형별로 자신이 원하는 미래의 직업을 분석해 보면 국제결혼가정 청소년의 경우 전문직(16.7%)과 체육인(16.7%)이 가장 선호하는 직업이었으며, 그 다음으로는 연예인 및 방송인(11.7%)이 높게 나타난 반면에 외국인근로자가정 청소년의 경우에는 컴퓨터 관련 종사자(19.6%)가 가장 원하는 직업이었으며, 그 다음으로 전문직(16.1%)이 높게 나타났다.

② 성별

성별로 살펴보면 남자 청소년의 경우 전문직(18.4%)이 가장 원하는 직업이었으며, 그 다음으로는 체육인(17.1%)이 높은 응답률을 보였다. 반면에 여자 청소년의 경우에는 연예인 및 방송인(20%)이 가장 되고 싶어 하는 직업이었으며, 그 다음으로 예술인(17.5%)이 높게 나타났다.

③ 학력별

학력별로는 초등학생의 경우 사무직(18.4%)이 가장 원하는 직업이었으며, 그 다음으로는 연예인 및 방송인(15.8%)과 체육인(15.8%)이 높게 나타난 반면에 중학생의 경우에는 전문직(22.7%)이 가장 되고 싶어 하는 직업이었으며, 그 다음으로 컴퓨터 관련 종사자(15.9%)가 높은 응답률을 보였다. 한편 고등학생의 경우에는 연예인 및 방송인(17.6%)과 컴퓨디 관련 종사자(17.6%)가 가장 원하는 미래의 직업이었다.

3) 나의 미래에 대한 전망정도

다문화가정 청소년들은 자신의 미래에 대해 어떻게 생각하는지 물어본 결과 희망적으로 보는 긍정적인 응답이 54.4%(희망적임 32.8%, 매우 희망적임 21.6%)로 아주 높게 나타난 반면에 비관적으로 보는 부정적인 응답은 6.9%(비관적임 4.3%, 매우 비관적임 2.6%)에 그쳤다. 대다수의 많은 다문화가정 청소년들이 자신의 미래를 밝게 보는 것을 알 수 있었다.

① 다문화청소년 유형별

다문화청소년의 유형별로 자신의 미래에 대한 전망을 어떻게 보고 있는지를 분석해 보면 국제결혼가정 청소년의 경우 '그저 그렇다(48.3%)'가 가장 높게 나타난 반면에 외국인근로자가정 청소년의 경우에는 '매우 희망적이다(32.1%)'가 가장 높은 응답률을 보였다.

한편 자신의 미래를 매우 희망적으로 보고 있는 응답을 보면 외국인근로자가정 청소년들의 응답이 32.1%로써 11.7%인 국제결혼가정 청소년들보다 훨씬 높게 나타났다. 즉 외국인근로자가정 청소년들이 국제결혼가정 청소년들보다 더 자신의 미래를 희망적으로 보고 있다는 것을 알 수 있었다.

② 성별

성별로 살펴보면 남녀 청소년의 경우 '그저 그렇다(36.8%)'가 가장 높은 응답률을 보였으며, 여자 청소년의 경우에도 역시 '그저 그렇다(42.5%)'가 가장 높게 나타났다. 한편 자신의 미래를 희망적으로 보고 있는 응답을 보면 여자 청소년들의 응답이 35%로써 31.6%인 남자 청소년들보다 약간 높게 나타났다.

③ 학력별

학력별로는 초·중·고 학생들 모두의 경우에서 '그저 그렇다'가 가장 높은 응답률을 보였다. 한편 자신의 미래를 희망적으로 보고 있는 응답을 보면 고등학생이 35.3%, 중학생이 31.8%, 초등생이 31.6% 순으로 나타났다.

Ⅴ. 다문화가정에 대한 지원 사업 및 프로그램 현황

1. 정부의 다문화가정 지원 사업 및 프로그램 현황

다문화가정에 대한 정부의 지원 사업 및 프로그램 현황을 살펴보면 국제결혼가정의 경우 정부조직 중 4개부(법무부, 여성가족부, 보건복지부, 문화관광부)에서 대체로 한국어 습득이나 문화체험 및 인권보호 등과 같은 프로그램 위주의 다문화가정 및 자녀의 사회적응을 위한 지원 사업 및 프로그램이 실시되고 있으며, 외국인근로자 가정을 위한 법무부와 노동부, 교육인적자원부에서 인권보호 및 사회통합 관련 지원 사업 및 프로그램이 주로 실시되고 있었다.

2. 지방자치단체의 결혼이민자 지원 사업 및 프로그램 현황

지방자치단체에서 실시되고 있는 결혼이민자 및 그 가족에 대한 지원 사업을 살펴보면 전국 8개도(경기도, 강원도, 충북, 충남, 전북, 전남, 경북, 경남)에서 외국인 주부나 이주여성 중심으로 한국어 습득이나 문화체험, 인권보호 및 사회통합 등과 같은 각종 사회적응을 위한 지원 사업 및 프로그램이 실시되고 있었다. 특히, 전남(18개 시·군 포함)과 강원도(14개 시·군 포함)에서 타 시·도보다 더 활발하게 지원 사업이 전개되고 있다. 그 구체적인 지원 사업 및 프로그램 내용은 (표 7)와 같다.

〈표 7〉 '06년 지자체 결혼이민자(가족) 지원 사업 현황

(여가부, '06.1.)

시·도		사업 내역
서울		–
부산		–
대구		–
인천		–
광주		–
대전		–
울산		–
경기	도	경기도내 결혼이민자가족 실태조사 및 정책적 지원방안 연구
		한국어교육, 부부교육, 문화체험 등
	수원시	외국인주부 지역사회 적응프로그램(한글교육, 요리교실, 문화교육 등)
	성남시	지역사회 적응프로그램(문화체험, 예절교육 등), 한국어 및 요리 교육
	안양시	외국인근로자 체육행사, 이주여성 보호 사업(문화 활동, 미술치료, 예술치료 등)
	광명시	이주여성 실태조사 및 교육
	광주시	한국어교육
	포천시	한국어교육
강원	도	외국인주부 멘토링 및 문화체험프로그램
		외국인주부를 위한 외국어문화교실
		외국인주부 자매결연 및 화합행사
		국제결혼이주여성을 위한 PC실무과정
		여성결혼이민자부부 양성평등 교육 및 부부외출프로그램
		평등가족문화 만들기 프로그램
		외국인주부 부부연수회
		외국인주부 문화탐방
	원주	한글교육반 강사수당, 연찬회참가여비
	강릉	외국인주부 연찬회, 전통문화체험
	동해	외국인주부 출산비 지원
	태백	외국인주부 명절 위문, 생활안정지원, 간담회 급식비
	홍천	외국인주부 연찬회 참가 여비 보상
	홍성	취학 전 자녀양육비 지급, 가족연수회, 한글교실 수강생 현장학습, 교류참석 여비 보상
	평창	외국인주부 교육 및 행사참가 여비
	정선	외국인주부 친정방문지원, 만남의 날 행사
	철원	외국인주부 친정방문지원, 워크숍

시 · 도		사업 내역
강원	화천	한국어교육, 예절교육, 향토문화탐방, 요리교실, 가족캠프, 친정방문프로그램, 외국인주부 가족의 날
	양구	한글교육, 전통문화교육, 외국인주부 강사활용 외국어교육
	인제	문화체험, 전통예절교육, 생일케이크 보내기
	고성	외국인주부 교육(전통요리, 한글), 문화유적지 답사, 외국인주부 만남의 날 운영
	양양	외국인주부 친정 보내기, 교포해외여성 친선대회, 명절위문
충북	도	부부연수, 우리 문화 알기 프로그램, 순회교육(가족문화, 임신, 육아), 이주여성정착지원센터 지원(한국어교육, 문화체험, 자녀놀이방 운영 등), 충북이주여성인권센터 지원(한국어교육, 법률상담, 문화교실운영 등)
	청주시	문화체험
	충주시	문화교육
	청원군	외국인주부아카데미
	보은군	외국인주부 보리쌈씨 자랑, 외국인부부 합동결혼식
	진천군	문화유적 답사
충남		국제결혼가정 행복한 가정 가꾸기 사업, 우리 문화 보급사업, 자녀학업자료지원
전북		결혼이주 외국인여성 정착지원 사업, 네트워크사업, 가족교육사업
전남	도	부부공동체훈련 지원
	여수	이주여성간담회, 이주여성보호 및 이혼관련 프로그램 운영
	순천	삶의 질 향상 프로그램 운영
	나주	주부쉼터 및 문화적응 프로그램 운영지원
	담양	이주여성 외국어강사료, 가족공동체훈련, 한국문화교실운영, 문화유적지 탐방
	곡성	한국어교육 및 문화교실 운영, 원어민교사 인력양성 사업, 이주여성 가족의 날 지원 사업, 외국인주부 여성교육 참석보상
	구례	외국인여성 및 가족 한국문화탐방, 외국인여성 한국문화 예절 익히기
	보성	한글 및 문화교실
	화순	한글 및 문화학당운영
	장흥	전통음식 및 꽃꽂이 교육
	강진	한글교육지원, 한글 및 문화적응 교육, 출산도우미 자원봉사자 실비보상
	해남	외국인주부 우리문화 적응교육
	영암	부부공동체교육, 출산용품지원 사업, 한글교육 및 문화체험교육
	장성	한글교육 및 문화유적지 탐방
	함평	외국인의 날 행사지원
	영광	우리문화이해와 생활교육
	완도	전통문화강좌 운영

시 · 도		사업 내역
전남	진도	외국인여성주부 워크숍, 외국인 배우자 가정 지원
	신안	문화탐방 및 부부교육
경북	도	우리말 공부방 운영, 사회적응 프로그램 운영, 가정폭력피해 외국인주부 멘토제도 운영
	구미	외국인 정보자료실 운영(3개소), 외국인근로자 한국어교육 강사수당
	안동	외국여성농업인 선진지 견학
	영양	이주여성 간담회
	고령	외국인주부 전통문화 체험교육
	성주	행복한 농촌가정 만들기 사업, 외국인주부 문화유적 탐방
	예천	외국인여성 및 자녀교육
경남		한국어교육, 한국어교재발간, 부부교육, 생활 및 가족상담, 문화교육, 부부(가족)캠프, 국제결혼가정 학교, 결혼이민자 가족 어울 마당
제주		—

출처: 교육인적자원부(2006) 「다문화가정 자녀 교육지원 대책」 pp. 19~20.

Ⅵ. 다문화가정 청소년의 사회적응 프로그램 개발방안

1. 다문화가정 청소년의 문제

생득적으로 극복해야 할 많은 문제를 안고 출발하는 것이며 외국인이주노동자가정 또한 모국과 다른 문화와 생활 습관 속에서 살고 있음으로 다양한 문제점들이 표출되고 있다(김갑성, 2006).

첫째, 문화의 차이에서 오는 인식의 차이이다. 가족 공동체에서 이중문화의 존재로 인해 갈등이 빚어지게 되며 이러한 고통과 긴장 그리고 경제적 어려움 등으로 인해 발생하는 스트레스 등을 고스란히 떠안게 됨으로 인하여 가정 자체를 불안정하게 만드는 복합적인 상황이 항상 존재하게 된다. 즉 의식주 전반에 걸친 다른 문화는 서로 상대방을 존중하는 것이 아니라 다른 것에 대한 내려다보기로 인해 부부와 가족 간에 갈등을 유발하고 있는데, 특히 우리나라의 민족주의는 남성 중심의 혈통을 중심으로 하는 가부장제와 맥을 같이하면서 여성에 대한 배제와 차별성을 내포하고 있다.

둘째, 언어의 소통에서 오는 문제가 있다. 국제결혼가정에서는 언어의 소통이 자유롭지 못하기 때문에 감정의 변화를 다 표현할 수가 없다. 언어 소통이 자유스러우면 대화를 통하여 서로를 이해할 수 있지만 국제결혼가정에서는 상대방을 이해하거나 자기를 이해하거나 자기를 이해시키는 데 어려움을 겪는 경우가 있다.

셋째, 결혼의 목적에서 오는 갈등이 있다. 국제결혼가정 부부는 사랑에 의하여 연애기간을 가지고 결혼을 결정한 것이 아니라 대부분은 다른 목적을 가지고 만나게 된다. 종교적 이유, 경제적 목적, 혹은 호기심에 의하여 만나기 때문에 상대방에 대하여 쉽게 싫어질 수 있다.

넷째, 자녀교육의 문제가 있다. 국제결혼가정 자녀들은 부모의 서로 다른 가치관과 생활 풍습으로부터 어떤 것을 따라야 할지 혼돈을 겪을 수 있다. 자녀교육이 주로 어머니에 의하여 이루어지는데 어머니가 한국말이 서투르고 한국의 풍습에 익숙하지 못할 경우 자녀교육을 하는 데 어려움을 겪는다.

다문화가정에서 태어나서 성장하고 있는 다문화가정 청소년들의 문제점을 살펴보면 다음과 같다.

첫째, 다문화가정 청소년들이 가진 공통적인 문제는 학습결손과 편견과 차별로 인한 학교부적응이다. 2001년 교육인적자원부와 펄벅 재단 한국지부의 조사에 따르면 혼혈아동의 학업중도 탈락률을 보면 일반학생은 초등학교 미진학 및 중퇴가 하나도 없는 반면에 혼혈아동은 9.4%가 되고, 중학교 미진학 및 중퇴의 경우에도 일반학생이 1.1%임에 반해 17.5%나 되었다. 한편 본 조사결과에 의하면 39.7%로의 다문화가정 청소년들이 현재 자신의 가장 큰 고민 및 걱정거리는 공부·학업문제라고 응답하였다.

둘째, 언어소통 장애에서 오는 부적응문제이다. 2005년의 경우 국제결혼 중 외국 여성과의 결혼은 72%에 달하고 있다. 그러므로 이 문제는 한국말이 서투른 외국인 어머니의 교육하에서 성장하는 다문화가정 청소년들에게 주로 나타나는 현상으로 볼 수 있겠다. 본 조사결과에 따르면 다문화가정 청소년들의 14.7%가 언어(말투, 말씨, 한글 등)문제로 인해 크게 고민 및 걱정하고 있었으며, 19.8%의 다문화가정 청소년들은 언어(한국어와 한글) 배우기가 어렵다고 응답하였다. 이는 또한 학교 및 사회생활에 적응하는 데 있어서 주요 장애요소로 나타나고 있었다.

셋째, 행동과 가치관의 차이에서 오는 부적응문제이다. 다문화가정 청소년의 부모는 각각 다른 나라에서 다른 가치관을 가지고 살아왔기 때문에 그들의 자녀는 아버지와 어머니로부터 보고 배우는 내용이 각각 다르게 된다. 그러므로 다문화가정 청소년들은 가치관의 혼돈 때문에 부적응의 현상을 보일 수 있다. 본 조사결과에 따르면 다문화가정 청소년들의 19%가 자신들의 행동과 가치관의 차이로 인해 학교와 사회생활에 적응하기가 힘들다고 응답하였다. 특히 국제결혼가정 청소년들에게서 높게 나왔는데, 이들의 35%가 이 문제로 인해 학교 및 사회생활에 적응하는 데 어려움을 겪고 있었다.

넷째, 외모(혼혈) 및 혼혈인에 대한 사회적 편견으로 인한 부적응문제이다. 우리나라는 역사적으로 단일민족이라는 자부심을 가지고 살아왔기 때문에 다문화가정 청소년들은 순수한 한국인이 아니라는 사람들의 편견과 차별(놀림) 때문에 부적응현상이 나타날 수 있다. 본 조사결과에 의하면 다문화가정 청소년들의 56.9%가 자신을 외국인이라고 생각하고 있는 반면에 9.5%만이 자신을 한국인이라고 지각하고 있었다. 한편 다문화가정 청소년들이 일생생활 속에서 경험한 문제들 중 가상 심각한 것은 자신의 외모(혼혈)로 인한 친구들의 놀림과 따돌림인 것으로 나타났으며, 이 문제는 국제결혼가정 청소년들의 응답이 18.3%로 나타나 3.6%의 응답을 보인 외국인근로자가정 청소년들보다 매우 높게 나타났다. 즉 외모로 인한 친구로부터의 놀림과 따돌림 문제는 외국인근로자가정 청소년들보다는 국제결혼가정 청소년들에게서 더 심각하게 일어나고 있었다.

2. 사회적응 프로그램 개발방안

1) 사회적응력 향상 프로그램의 개발 및 실시는 무엇보다도 우선적으로 다문화가정 청소년에 대한 인식의 전환으로부터 시작되어야 한다.

우리 사회에서 일반적으로 다문화가정 청소년들을 바라볼 때 '그들에게 문제가 있을 것이다. 그렇기 때문에 다문화가정 청소년들

대부분은 학교 및 사회생활에 만족하지 못하고 오히려 심각한 부적응 상태에 있을 것이다'라고 생각하지만 본 조사에 의하면 다문화가정 청소년들에 대한 우리 사회의 기존 생각과는 매우 다른 결과가 나타났다.

① 다문화가정 청소년들은 생활 전반(한국생활, 가정생활, 학교생활, 지역사회 생활, 문화여가생활 등)에 걸쳐 대체적으로 만족하고 있었다.

- 다문화가정 청소년들은 현재 한국생활에 대해 45.7%가 만족하고 있는 반면에 불과 8.6%만이 불만족하고 있었다.

- 가정생활에 대해서는 47.4%가 만족하고 있는 반면에 불만족한다는 6.9%에 그쳤다.

- 현재 학교생활에 대해서는 39.7%가 만족하고 있는 반면에 18.1%가 불만족하고 있었다.

- 지역사회 생활에 대해서는 34.4%가 만족하고 있는 반면에 불만족한다는 13.7%이었다.

- 문화여가생활에 대해서는 44%가 만족하고 있는 반면에 13%가 불만족하고 있었다.

② 세계일보 취재팀(2007. 4 .24일자 기사)의 다인종·다국적 사회로의 변화상을 보기 위해 충북 보은 등 전국 4개 지역 6개교의 국제결혼가정 자녀 40명을 심층 분석한 결과에 의하면 국제결혼가정의 아이들이 친구와 어울리지 못하고 방어 본능에 잔뜩 움츠려 있을 것이라는 가설은 여지없이 깨졌다. 동남아 출신이 우리와 피부색이 크게 다르지 않은 결과이기도 하지만 아이들은 이미 더불어 사는 법을 알고 있었다.

③ 대부분의 다문화가정 청소년들은 일상생활 속에서 자신의 외모로 인한 놀림과 따돌림, 불공평한 대우 및 차별을 받지 않는 것으로 니터났다.

- 친구로부터 외모로 인하 놀림과 따돌림을 받지 않았다고 하는 응답은 57.8%이었으며, 이웃으로부터 외모로 인한 수군거림과 차별을 받지 않았다는 응답은 69%이었다.
- 학교나 학원 등에서 불공평한 대우를 받지 않았다는 응답은 64.6%이었다.
- 길거리에서 사람늘의 따가운 시신과 수군기림을 받지 않았다고 하는 응답은 73.9%이었다.

④ 다문화가정 청소년 중 56.1%가 사회적 편견과 차별 때문에 학교 및 사회생활에 적응하기가 힘들지 않다고 응답하였다. 즉 대부분의 다문화가정 청소년들에게 있어서 사회적 편견과 차별이 학교 및 사회생활에 적응하는 데 있어 큰 문제가 되지 않는다는 것을 알 수 있었다.

2) 사회적응 프로그램 개발은 다문화가정 청소년의 학교 및 사회부적응 정도 및 부적응 문제의 심각성에 따라 다양하게 접근이 이루어져야 한다.

본 조사에 의하면 대부분의 다문화가정 청소년들은 우리 사회에 대해 만족하며 잘 적응하고 있으나 일부 다문화가정 청소년들은 여전히 심각한 부적응 문제가 발생하고 있었다.

① 학교부적응 다문화가정 청소년을 위한 교육받기 및 공부하기

프로그램개발이 필요하다. 다문화가정 청소년들이 가진 공통적인 문제는 학습결손과 편견과 차별로 인한 학교부적응이다. 본 조사에 의하면 다문화가정 청소년들의 39.7%가 공부·학업문제를 현재 자신의 가장 큰 고민 및 걱정거리라고 응답하였으며, 다문화가정 청소년들의 17.3%가 교육 및 공부하는 것이 힘들다고 응답하였다.

② 언어소통 장애에서 오는 부적응문제를 해결하기 위한 언어 습득하기 프로그램개발이 필요하다. 본 조사에 따르면 다문화가정 청소년들의 14.7%가 언어문제로 인해 크게 고민 및 걱정하고 있는 실정이었으며, 다문화가정 청소년들의 19.8%가 한글과 한국어 배우기가 어렵다고 응답하였다.

③ 외모 및 혼혈인에 대한 사회적 편견과 문화적인 차이에서 오는 부적응문제를 해결하기 위한 문화 간 교육 혹은 다문화교육 프로그램이 필요하다. 본 조사에 의하면 다문화가정 청소년들의 19%가 자신들의 행동과 가치관의 차이로 인해 사회생활에 적응하기가 어렵다고 응답하였으며, 다문화가정 청소년들의 14.6%가 일생생활 속에서 친구로부터 외모로 인한 놀림과 따돌림을 받았다고 응답하였다.

④ 친구 사귀기 및 또래집단과의 교류를 활성화시키기 위한 프로그램이 개발되어야 한다. 본 조사에 따르면 다문화가정 청소년들의 30%가 친구 사귀기가 어렵다고 응답하였다.

⑤ 다문화가정 및 다문화가정 청소년들의 인권을 보호하기 위한 다문화인권교육 프로그램개발 필요하다. 본 조사에 의하면 다문화가정 청소년들의 6.9%가 인권침해 때문에 학교나 사회생활에 적응하는 데 힘들다고 응답하였다.

3) 사회적응 프로그램 개발은 다문화가정 청소년 유형별에 따라 다
르게 접근이 이루어져야 한다.

① 다문화가정 청소년 유형별에 따른 자아정체감 형성 프로그램
개발이 필요하다. 본 조사에 의하면 다문화가정 청소년의 유형별에
따라 국가에 대한 소속감과 이민희망 여부는 차이가 나타났다. 즉
국제결혼가정 청소년들은 자신을 외국인으로 보는 응답이 43.3%
인 반면에 외국인근로자가정 청소년들은 자신을 외국인으로 생각
하는 응답은 71.4%이었다.

② 국제결혼가정 자녀의 이중 언어(Dual language)학습 지원 프
로그램이 필요하다. 본 조사에 의하면 국제결혼가정 청소년들의 경
우 한글 및 한국어 배우기가 어렵다는 응답이 11.7%로써 1.8%인
외국인근로자가정 청소년들보다 매우 높게 나타났다.

③ 다문화가정 및 다문화가정 청소년의 안정적 체류 및 인권보
장을 위한 프로그램개발이 필요하다. 본 조사에 따르면 외국인근로
자가정 청소년들의 경우 인권침해 때문에 힘들다는 응답이 7.1%로
써 5%인 국제결혼가정 청소년들보다 다소 높게 나타났다.

Ⅶ. 다문화가정 청소년의 사회적응 프로그램 개발방안

다문화가정 청소년의 사회적응 실태와 관련 프로그램을 조사·분
석하여 다문화가정 청소년의 사회적응력을 향상시키기 위한 프로

그램개발방안을 제시하기 위해 실시되었다. 이러한 연구목적을 달성하기 위해 첫째, 다문화가정 청소년의 개념과 유형 및 특성을 고찰하였으며, 둘째, 다문화가정 및 다문화청소년의 현황 및 문제점을 조사하였으며, 셋째, 다문화가정 청소년의 사회적응 실태를 조사하였으며, 넷째, 다문화가정 청소년을 위한 사회적응 관련 프로그램을 조사하였으며, 다섯째, 다문화가정 청소년의 사회적응력 향상 프로그램 개발방안을 제시하였다. 이를 수행하기 위해 문헌조사방법과 설문조사방법이 실시되었다. 조사를 통하여 나타난 주요 결과를 간략하게 요약·정리하면 다음과 같다.

1) 다문화가정 청소년들은 우리 사회의 생활 전반에 걸쳐 대체적으로 만족하고 있었다.

○ 다문화가정 청소년들은 현재 한국생활에 대해 45.7%가 만족하고 있었다.

○ 가정생활에 대해서는 47.4%가, 현재 학교생활에 대해서는 39.7%가 만족하고 있었다.

○ 지역사회 생활에 대해서는 34.4%가, 문화여가생활에 대해서는 44%가 만족하고 있었다.

2) 다문화가정 청소년들은 전반적으로 보았을 때 일상생활 속에서 자신의 외모로 인한 놀림과 따돌림, 불공평한 대우 및 차별을 받지 않는 것으로 나타났다.

○ 친구로부터 외모로 인한 놀림과 따돌림을 57.8%가, 이웃으로부터 외모로 인한 수군거림과 차별을 69%가 받지 않은 것으

로 나타났다.

○ 학교나 학원 등에서 불공평한 대우를 64.6%가, 길거리에서
  사람들의 따가운 시선과 수군거림을 73.9%가 받지 않은 것
  으로 나타났다.

3) 다문화가정 청소년들에게 있어서 사회적 편견과 차별, 교육
및 공부하기, 언어 습득하기, 친구 사귀기, 행동과 가치의 차이, 인
권침해 등은 학교 및 사회생활에 적응하는 데 대체적으로 큰 문제
가 되지 않는 것으로 나타났다.

○ 다문화가정 청소년 중 56.1%가 사회적 편견과 차별 때문에, 다
  문화가정 청소년들의 56.9%가 자신들의 행동과 가치관의 차
  이로 인해, 다문화가정 청소년들의 59.5%가 인권침해 때문에
  학교 및 사회생활에 적응하기가 힘들지 않다고 응답하였다.

○ 다문화가정 청소년들의 61.2%가 교육 및 공부하는 것이, 다
  문화가정 청소년들의 56.7%가 한글과 한국어 배우는 것이,
  다문화가정 청소년들의 45.7%가 친구 사귀기가 어렵지 않다
  고 응답하였다.

4) 다문화가정 청소년들에게 있어서 자신의 가장 큰 고민과 걱
정은 공부·학업문제(39.7%)이었다. 반면에 놀림과 따돌림 문제(7.6%)
와 외모문제(6.9%)는 비교적 낮게 나타났다.

5) 다문화가정 청소년들의 국가에 대한 소속감은 낮은 반면에 이
민을 가고 싶어 하는 응답은 높게 나타났다.

○ 다문화가정 청소년들의 56.9%가 자신을 외국인이라고 생각
   하고 있는 반면에 9.5%만이 본인을 한국인이라고 지각하는
   것으로 나타났다.
○ 다문화가정 청소년들의 37.1%는 이민을 가고 싶어 하는 것
   으로 나타났다.

6) 대체적으로 다문화가정 청소년들은 가족들과 행복하게 사는
것(26.7%)과 돈을 많이 버는 것(25.9%)이 자신이 가장 원하는 미
래의 모습인 것으로 나타났다.

7) 다문화가정 청소년들은 대체적으로 자신이 가장 원하는 미래
의 직업으로 전문직(16.4%)과 연예인 및 방송인(12.9%)과 컴퓨터
관련 종사자(12.1%)를 선택하였다.

8) 다문화가정 청소년들의 54.4%가 자신의 미래를 희망적으로
보고 있었다.

본 연구를 통하여 밝혀진 다문화가정 청소년의 문제점을 제시하
면 첫째, 다문화가정 청소년들이 가진 공통적인 문제는 학습결손과
편견과 차별로 인한 학교부적응이며 둘째, 언어소통 장애에서 오는
부적응문제이며 셋째, 행동과 가치관의 차이에서 오는 부적응문제
이며 넷째, 외모 및 혼혈인에 대한 사회적 편견으로 인한 부적응
문제이다.

우리 사회는 다문화가정 청소년들을 바라볼 때 '그들에게 문제

가 있다.'는 시각에서 보아 왔다. 그렇기 때문에 다문화가정 청소년들 대부분은 학교 및 사회생활에 만족하지 못하고 오히려 심각한 부적응 상태에 있을 것이라고 생각하지만 본 조사에서는 다문화가정 청소년들에 대한 우리 사회의 기존 생각과는 매우 다른 결과를 보였다. 다시 말해서 본 조사에 의하면 대부분의 다문화가정 청소년들은 우리 사회에 대해 만족하고 있을 뿐 아니라 학교 및 사회생활에 잘 적응하고 있었다. 이는 우리 사회의 다문화가정 청소년에 대한 인식의 전환이 필요하다는 것을 의미할 뿐만 아니라 다문화가정 청소년에 대한 사회적응력 향상 프로그램의 접근방식 또한 변화가 요구된다. 즉 우리 사회에서 실시되고 있는 대부분의 다문화가정 청소년의 사회적응 프로그램은 다문화가정 청소년들 그들에게 문제가 있기 때문에 학교와 사회에서 제대로 적응하지 못하고 소극적으로 생활하고 있다는 전제하에서 프로그램이 개발 및 실시되어 왔지만 앞으로는 우리 사회에 능동적으로 잘 적응하고 있는 대부분의 다문화가정 청소년을 대상으로 하는 다양한 양질의 학교 및 사회적응력 향상 프로그램 개발 및 실시가 무엇보다 요구된다 하겠다.

하지만 우리 사회에 있어서 일부 다문화가정 청소년들은 여전히 심각한 부적응 문제(사회적 편견과 차별, 언어문제, 친구 사귀기, 외모로 인한 놀림과 따돌림, 교육 및 공부하기, 행동과 가치의 차이, 인권침해 등)로 인해 고통받고 있다.

지금까지의 논의를 바탕으로 하여 다문화가정 청소년의 사회적응력 향상 프로그램 개발방안을 제언하면 다음과 같다.

첫째, 사회적응력 향상 프로그램개발은 무엇보다도 우선적으로 다문화가정 청소년에 대한 우리 사회의 인식전환으로부터 시작되어야만 할 것이다.

둘째, 사회적응 프로그램 개발에 있어서 다문화가정 청소년의 학교 및 사회부적응 정도 및 부적응 문제에 따라 다양한 접근방법이 모색 및 적용되어야 할 것이다

셋째, 다문화가정 청소년 특성 및 유형별(국제결혼가정 청소년과 외국인근로자가정 청소년)에 따라 사회적응력 향상 프로그램개발은 다르게 접근방법 실시되어야 할 것으로 본다.

참고문헌

김갑성(2006). 한국 내 다문화가정의 자녀교육 실태조사 연구, 서울교육대학교 교육대학원 석사학위논문.

김정원(2006). 외국인근로자 자녀교육 문제와 다문화교육, 국회도서관보 제43권 제5호 통권 제325호.

강상년(2004). 탈북자의 한국사회 적응에 관한 연구, 대진대학교 통일대학원 통일학과 석사학위논문.

강구섭(1999). 북한이탈주민 사회문화적응 프로그램 개발, 성균관대학교 석사학위 논문.

김영만(2003). 탈북자들의 소외감과 삶의 질에 영향을 미치는 요인 연구, 연세대학교 박사학위 논문.

김미숙(2004). 북한이탈학생의 학교적응 실태분석 연구, 한국교육개발원.

국가청소년위원회·한국청소년상담원(2006), 다문화가정 청소년연구.

국가인권위원회(2003). 기지촌 혼혈인 인권실태조사.

교육인적자원부(2006). 다문화가정 자녀 교육지원 대책.

교육인적자원부(2006). 다문화가정 품어 안는 교육지원대책 발표.

법무부 출입국관리국(2006). 체류외국인 급증, 금년 내 100만 시대 열려.

설동훈(2006). 다문화가족에 대한 사회적 인식, 국회도서관보 제43권 제5호 통권 제325호.

세계일보(2007. 04. 24). 아이들 세상엔 '코시안' 없고 '친구'만.

우룡(2007). 다문화청소년의 실태와 문제점, 다문화가족 실태와 청소년정책 방향, 평택대학교 다문화가족센터.

이성언·최유(2006). 다문화가정 도래에 따른 혼혈인 및 이주민의 사회통합을 위한 법제지원방안 연구, 한국법제연구원.

정하성(2002). 청소년의 사회적응을 위한 프로그램 개발 연구」, 한국청소년개발원.

조영달(2006). 다문화가정의 자녀교육 실태조사, 교육인적자원부.

통일부(2005). 정착지원과 새터민 현황자료.

평택대학교 다문화가족센터(2006). 한국다문화가족에 대한 지원과제와 향후 방향성.

통계청(2006). 2006년 사회통계조사 결과(가족, 보건, 사회참여, 노동부문).

통계청(2006). 2005년 혼인·이혼통계 결과.

한경아(1994). 한국혼혈인의 실태와 문제, 효성여자대학교 대학원 석사
    학위논문.

한성렬(2006). 한국문화와 혼혈인에 대한 배타성, 한국청소년상담원.

Ahn, H.(1999). Juggling two worlds: Ethnic Identity of Korean — American
    College Students. published doctoral dissertation. University of
    Pennsylvania.

Beavers, L. & D'Amico, J.(2005). Children in immigrant families: U. S.
    and State — level findings from the 2000 Census, The Annie E.
    Casey Foundation and the Population Reference Bureau.

Joice, B. R. & Nicholson, A. M.(1979). Imperative for global education,
    In J. M. Becker(ed.), Schooling for Global Age, pp.95-109.

Kim Hyunduck(1992). An exploratory study of selected aspects of global
    understanding in a sample of korean college students, Unpublished
    Doctorial Dissertation, George Washington University.

Piper, Nicola(2004). "Rights of Foreign Workers and the Politics of
    Migration in South-East and East Asia." International Migration
    42(5): 71-97.

Rifkin, Jeremy(1995). The End of Work: The Decline of the Global
    Labor Forece and the Dawn of the Post — market Era. New York:
    G. P. Putnam.

제2장

다문화청소년의 복지증진

Ⅰ. 다문화 필요성에 대한 이해

과학기술의 발달에 의한 사회분화는 사회구성원의 자족기능을 크게 후퇴시키고 사회의존성을 증대시켜서 다양한 가치와 방법이 존중되는 사회로 급속하게 발전해 가고 있다. 세계화 시대의 지구촌이라는 단어가 친숙해진 것도 이 때문이다. 1960년대부터 빠르게 시작된 교통, 통신의 발달로 지구촌이라는 말은 보편화되기 시작하였다. 국제사회가 다문화사회로 빠르게 변화되어 가는 것도 이의 결과로 볼 수 있다. 우리나라의 경우 외국인 이주노동자가 40만 명을 넘고 있으며 국제결혼비율이 13%를 상회하고 있는 현실이다. 특히 농어촌의 경우는 외국인거주자가 40%에 육박하고 있으며 전국적으로는 100만 명을 넘고 있다. 2005년도 한 해의 다문화결혼은 43,121건으로 국민결혼의 13.6%를 차지하고 있으며 국민 8쌍 중 한 쌍이 다문화 결혼가정이다. 1990년부터 2005년도까지 15년간 한국 남성과 외국인 여성의 결혼이 159,942건에 이르고 있다. 우리 사회는 빠르게 다문화사회로 진입하고 있으며 이들은 대부분이 경제적 목적으로 유입되었으나 가족을 비롯해서 친척집단과 지역사회에서 멸시와 차별의 대상이 되고 있어 새로운 사회문제가 야기되고 있다. 21세기의 새로운 문화는 지구화, 지식정보화, 문화화를 향해 가고 있어 변화된 시민의식을 요구하는데 이주외국인 청소년 문제의 현실은 거리가 멀다. 외국인 청소년에게 우리의 진정한 문

화를 소개시키고 한국을 이해하며 사랑하게 만드는 일은 매우 중
요하다. 한국이 제2의 고향으로 거듭나게 할 수 있도록 도와주고
지원해 주기 위한 정책적 배려와 사회적 노력이 절실하다. 외국청
소년과 자매결연을 하여 끈끈한 인간애를 키우고 사회관계를 돈독
하게 유지시켜 가야 한다. 때로는 홈스테이(home stay)로 연결되어
깊은 친분을 맺도록 노력해야 한다. 성인보다 성장기에 있는 청소
년을 대상으로 동화모형(assimilationist model)이 아닌 다문화모형
(multicultural model)을 수용하여 그들의 고유문화를 존중해 주면서
주류사회에서 상호 공손해 갈 수 있는 마음과 태도를 갖게 해 주
어야 한다. 이들이 우리나라에서 자신의 나라와 같이 편안하고 자
유롭게 원만한 사회생활을 전개하면서 당당하게 살아갈 수 있도록
여건을 조성해 준다. 1995년 27만 명에 불과하던 체류외국인 수는
2005년 74만 명으로 증가하였으며, 2006년 들어 불과 3개월 만에
6만여 명이 증가되어 2006년 3월 말 현재 80만 명을 돌파하였다.
체류외국인 100만 명 시대가 당초 예상했던 2010년보다 빠르게 다
가오고 있다. 실제로 문화적 차이로 인한 국제결혼 부부의 갈등이
나 혼혈로 인한 국제결혼가정의 자녀문제 등이 심각한 문제가 발
생하고 있다. 다문화가족 자녀의 출생 및 혼혈인도 증가하고 있다.
세계화의 흐름에 따라 1990년대 이후 우리나라에 체류하는 이주노
동자 수도 급격히 늘어나고 있다. 법무부 출입국관리국에 따르면
이들은 서로 인종적으로 다른 부모들 사이에서 문화적 갈등을 겪
기 마련이다. 적응할 수 있도록 도와주고 지원해 주기 위한 정책
적 배려와 사회적 노력이 절실하다. 외국인이주자 청소년들이 우리
나라에서 자신의 나라와 같이 편안하고 자유롭게 원만한 사회생활

을 전개하면서 당당하게 살아갈 수 있도록 여건을 조성해 주어야 한다. 본 연구는 다문화청소년의 복지증진방안을 모색하는 데 목적이 있다. 이를 위하여 그들의 실태를 파악하고 조사 분석하여 구체적인 프로그램을 통한 복지증진대책을 만들고자 한다.

외국인이주자 청소년의 바람직한 육성과 지원활동을 통한 복지증진 방안을 모색하는 데 목적이 있다. 이를 위하여 그들의 욕구와 실태를 파악하고 조사 분석하여 구체적인 프로그램을 통한 대안을 만들고자 한다.

내용은 외국인거주자 청소년의 사회적응도와 고충 및 관계성을 조사 분석하여 대안을 모색한다. 연구방법은 기존의 다문화연구사례를 분석하고 응용해서 국내의 외국인거주자 청소년을 대상으로 실태를 조사, 분석한다. 종합적으로 이들의 복지를 증진시킬 수 있는 방안을 찾아본다.

Ⅱ. 다문화청소년의 이론적 배경

1) 관련 이론의 검토

다문화관련이론을 동화이론으로 설명할 수 있으며 이의 세 가지 전통적 이론은 전통적 동화이론, 용광로 이론(melting pot), 문화 다원주의(cultural pluralism)가 있다. 전통적 동화이론은 하위문화 혹은 소수 문화에 속한 개인 및 집단은 그들의 생활 방식, 관습, 가치, 언어 등을 포기하고 지배문화를 채택, 습득한다. 전통적 동화이론이 전제하는 것은 지배문화의 우월성이다. 이 이론은 미국의 식민 정책에 대한 정당화를 뒷받침하게 된다. 용광로 이론은 여러 문화의 상호작용으로 인해 기존의 문화들이 융화되어 하나의 새로운 문화가 출현한다는 것이다. 문화다원주의 이론은 문화접변(acculturation) 이론을 바탕으로 한다. 문화접변은 하나의 문화가 다른 문화의 어떤 요소들을 수용함으로 인해 변화함을 일컫는다.

일방적인 지배관계를 전제하는 전통적 동화이론과 달리 문화접변은 상호교환관계를 전제한다. 세 가지 이론에 대한 비판은 두 문화의 관계를 일차원적으로 묘사하고 있다는 점이다. 좀 더 다차원적으로 문화의 동화를 이해해야 한다. 즉 심리학적, 문화적, 사회적 관점에서 개인의 문화동화 수준, 패턴을 이해해야 한다. 문화동화와 연관된 다양한 사회구조적 문제들, 즉 다른 문화에 접근할 수 있는 기회의 정도가 사회 구조적 이유로 제한될 수 있음을 이해한다. 지배문화와 소수문화 간 갈등 구조 및 정도 등도 문화동화를 이해하는 데 필요하다. 결핍이론(Deficiency Theory)은 지배문화가 기준이 되어 타 문화는 항상 기준에 미치지 못하는 결핍된 상태에 놓이게 된다. 이원관점론(dual perspective)에 따르면 인간발달은 두 시스템의 문화적 영향의 조합으로 이루어진다. Green은 상호교류적(transactional)모델을 제안했다. 상호교류적 모델에서 문화적 차이는 인간의 의사교류가 어떻게 이루어지는가에 따라 정해진다. 다원적 상호교류모델을 더욱 잘 이해할 수 있다. 민족성 한 민족 그룹에 속해 있다고 인식 민족 그룹의 구성원이 됨으로써 가지는 생각, 지각, 느낌, 행동방식들 다른 종류의 정체성과 비슷하게, 민족

정체성은 인식, 지각, 사회적 상호작용의 패턴, 사회학습, 내재화 등과 같은 사회적 심리학적 과정을 통해 만들어진다. 인종 정체성 이론 인종적 특징들과 관련된 정체성 성립의 단계를 묘사하고 유색인종들이 그들과 다른 문화와 얼마나 관계를 맺고 있는지 설명한다. 인종 정체성 이론이 존중될 때에 다문화가 발달될 수 있다.

2) 선행연구의 검토

이주청소년 사회적응을 위한 호스트패밀리 운동에 대한 연구논문은 없다. 다만 이와 관련된 참고 논문이 있다. 이를 여기에서 간단하게 소개한다. 국제결혼 여성 이민자에 대한 연구는 1990년대 이후 국내로의 결혼이주가 증가하면서 시작되고 있다. 이들 중에는 의사소통의 어려움, 문화적 차이로 인한 고충, 차별 대우 등으로 고통받는 사람이 적지 않아 국가가 제공하는 복지 서비스의 주요 수혜 대상 집단으로 수용하여야 한다는 연구가 있다.

이러한 점을 반영하여, 국제결혼 여성을 다룬 연구는 적지 않을 정도로 축적되어 있다. 주로 문화인류학적 관점에서 한국문화와 외국문화의 만남에서 파생되는 문제점들을 다루어 왔고, 또 여성문제의 관점에서 각 지역 단위의 소규모 표본조사가 다수 수행되어 왔다. 중앙정부 산하 기관에 의해 전국 규모의 실태보고서가 나왔다.

연구형태는 주체에 따라 이주노동자와 결혼이민자를 지원하는 시민단체, 지방자치단체, 학계의 연구로 나눌 수 있다. 국제결혼 이민여성을 돕는 시민단체들은 한국사회의 국제결혼에 대한 전반적인 현황을 소개하였다. 이민여성들이 처한 열악한 인권실태와 남

편이나 시댁 식구로부터 가해지는 가정폭력의 실상에 대한 사례를 보고가 있다. 지방자치단체들은 국제결혼 이주여성들의 문제가 현실화되면서 도내에 거주하는 외국인주부에 대한 실태 및 사례를 파악하고 이들의 적응을 돕기 위한 정책 방안을 모색하였다. 중앙정부차원에서는 보건복지부가 처음으로 국제결혼 이주여성에 대한 전국단위의 실태조사와 국제결혼 중개업체의 실태조사를 실시하였다. 이것이 계기가 되어 국제결혼의 전반적인 현황을 포괄적으로 파악하게 되었다. 국립국어원에서는 결혼이주 여성의 언어 및 문화적응에 관한 실태조사를 실시하였다.

학계의 연구는 1990년대 중반부터 문화인류학과 사회학, 사회복지학, 여성학 전공자들에 의해 석사학위논문 형태로 나왔다. 한국인 남성과 결혼한 중국동포 여성에 대한 연구와 한국인 남성과 결혼한 필리핀 여성과 베트남 여성, 다양한 국가 출신의 여성, 연구들이 지나치게 한국 남성과 외국 여성의 결혼을 '매매혼'을 규정하고 외국 여성을 국제결혼의 희생자로 이미지화하고 고착화하는 것이 문제이다. 외국 여성들이 적극적인 삶의 전략과 행위자성을 무시하는 경향이 있다. 농촌 지역에 정착한 결혼이민자에 대한 관심이 농촌사회학 분야에서 증가하고 있으며 학위 논문 이외의 결혼이민자에 대한 전문 연구자들의 연구가 발표되고 있다. 전라남도 지역에 결혼해 온 필리핀 여성들에 대한 심층 연구를 통해 외국 여성들은 다양한 배경과 동기를 밝혀냈다. 자신의 결혼에 대한 의미를 만들어 내고 가족 관계를 적극적으로 만들어 갈 수 있는 행위자로 인식해야 한다. 여성 결혼이민자의 인구학적 특성을 체계적으로 규명한 논문도 있으며 결혼이미 여성에 대한 연구는 정책적 수요에 의한 것이다수를 차지한다. 국제결혼의 현황과 이민여성들이 처한 인권침해나 가정폭력에 대한 실태조사 위주로 연구되어 왔다.

3) 다문화청소년의 개념

우리 사회는 그동안 국제결혼처럼 서로 다른 인종끼리 결합된 가정의 형태를 혼혈가정이라고 일컫는 경우가 더 많았다. 혼혈인가정과 2세인 혼혈인이라는 용어 자체가 갖고 있는 상징적 차별성을 시정하기 위해서 그 대안으로서 다문화가족 또는 다문화가정 그리고 다문화가정 2세라는 용어를 사용하도록 지방자치단체나 시민단체에서 장려되고 있다. 다문화가족은 국제결혼을 통해 형성된 국제결혼가정을 통상적으로 의미하나 본 연구에서는 국내에 거주하고 있는 외국인근로자가정을 포함시켜 부르는 용어로 정의한다.

4) 다문화가족의 유형

다문화가족은 외국인근로자가정과 국제결혼가정으로 크게 두 가지로 구분할 수 있다.

① 외국인근로자가정은 몇 가지 유형으로 구분된다(김정원, 2006).

첫 번째 유형은 양부모가 자녀와 함께 이주하여 같이 생활을 하는 경우가 외국인근로자가정의 가장 일반적인 유형이다. 이때 부모 모두가 일을 하는 경우가 대부분이다.

두 번째 유형은 편모 혹은 편부 가정은 본국에서 부와 사별 또는 이혼한 후 모자 혼자 한국에 입국하여 일하다가 자녀를 데리고 온 경우이거나 먼저 본국으로 돌아가고 부나 모가 혼자 한국에 남아 자녀를 데리고 있는 경우이다.

세 번째 유형은 한국인과의 재혼가정이다. 재혼가정은 대부분 자녀와 함께 이주한 외국인 여성이 한국인 남성과 재혼한 경우이며, 그 역할은 별로 없다.

② 국제결혼가정은 한국인 남성과 외국인 여성이 결혼하여 형성된 가정과 외국인 남성과 한국인 여성이 결혼하여 형성된 가정으로 크게 두 가지 유형으로 구분할 수 있다. 통계청(2005)에 따르면 2005년의 국제결혼은 총 결혼건수의 13.6%로서 100명 가운데 약 13명이 외국인과 결혼을 하였다. 국제결혼 중 외국인 여성과의 결혼은 72%, 외국인 남성과의 결혼은 18%로 나타났다.

Ⅲ. 다문화가족 청소년의 현황

1. 다문화가구 현황

2006년도 사회통계조사결과에 따르면 2006년 혼혈인 자녀, 외국인 배우자 등 다문화 가구원이 있는 가구의 비율은 0.4%로 나타났다. 지역별로는 농어촌지역의 다문화가구 비율이 0.7%로 도시지역 0.3%, 남자가 0.4% 여자가 0.3%로 나타났다.

2. 다문화가족 자녀 현황

다문화가족 자녀 현황

○ 국제결혼가정 자녀
 -2006년 현재 재학 중인 국제결혼가정 자녀수: 7,998명(초 85%, 중 11.6%, 고 3.5%)
 -국제결혼가정 자녀 중 어머니가 외국인인 경우가 전체의 83.7%(6,696명)로 거의 대부분을 차지하고 있다.
 -지역별로는 경기도가 1,852명(23.1%)으로 가장 많고, 서울 12.2%, 전남 11.8%, 전북 9.1%, 경북 6.0% 순으로 나타나고 있다.
○ 외국인근로자 자녀
 -법무부 등록 외국인 중 취학 연령대(7세~18세)는 17,287명으로 추정되며, 이 중 일반학교 재학생은 1,574명에 불과하다(7,800명은 외국인학교 재학)
 -외국인 재학생의 국가별 분포는 일본 24.4%(386명), 몽골 21.3%(338명), 미국 17.2%(273명), 중국 2.8%(45명) 순으로 나타나고 있으며, 이 중 대다수가 서울 (35%), 경기(31%)지역 학교에 재학 중이다.

자료: 교육인적자원부(2006), 「다문화가정 품어 안는 교육지원대책 발표」

Ⅳ. 다문화청소년의 실태분석

1. 조사대상자의 일반적 특성

조사대상자의 인적사항을 살펴보면 <표 8>과 같이 성별은 남자 청소년이 62.1%, 여자 청소년이 37.9%의 분포를 나타냈었다. 학생연령별로는 초등학생(9세~13세) 31.6%, 중학생(14세~16세) 40.0%, 고등학생(17세~19세) 28.4%의 비율을 보였다. 생활수준별로는 상 수준이 26.3%, 중 수준이 61.1%, 하 수준이 12.6%의 분포를 보였다.

〈표 8〉 조사대상자의 인적사항

구 분		빈 도	백분율
성 별	남자 청소년	59	62.1
	여자 청소년	36	37.9
	합 계	95	100.0
학생연령별	초등학생(9세~13세)	30	31.6
	중학생(14세~16세)	38	40.0
	고등학생(17세~19세)	27	28.4
	합 계	95	100.0

2. 다문화청소년의 문제점 및 고민사항

1) 일생생활에서 경험하는 문제점

외모나 이름이 이상하여 친구들로부터 놀림이나 따돌림을 받은 적이 있냐는 질문에 '전혀 그렇지 않다'와 '그렇지 않다'가 31.6% 와 27.45로 각각 나타났다. '보통이다'가 28.4%, '그렇다'와 '매우 그렇다'가 8.4%, 4.2%를 각각 나타나고 있다. 학생연령별로는 '전 혀 그렇지 않다' 31.6%, '보통이다' 28.4%, '그렇지 않다' 27.4%, '그렇다' 8.4%, '매우 그렇다' 4.2%를 나타나고 있다.

학교나 학원에서의 불공평한 대우를 받은 적이 있다는 것에 대 한 여부를 물어본 결과 '전혀 그렇지 않다'가 31.6%, '그렇지 않 다'가 34.7%를 차지하고 있다. '그렇지 않다'와 '매우 그렇지 않 다'가 각각 13.7%와 2.1%를 차지하고 있다. 학생연령별은 '그렇지 않다’ 34.7%, ‘전혀 그렇지 않다’ 31.6%, ‘보통이다’ 17.9%, ‘그렇다’ 13.7%, ‘매우 그렇다’ 2.1%로 나타났다.

다문화청소년에게 자신의 외모나 이름이 이상하다고 이웃사람들의 수군거림과 차별여부에 대하여 물어본 결과 ‘전혀 그렇지 않다’가 38.9%, ‘그렇지 않다’가 32.6%이다. ‘그렇다’와 ‘매우 그렇다’가 각각 11.6%와 1.1%로 낮게 나타났다. 학생연령별로는 ‘전혀 그렇지 않다’ 38.9%, ‘그렇지 않다’ 32.6%, ‘보통이다’ 15.8%, ‘그렇다’ 11.6%, ‘매우 그렇다’가 1.1%이다.

다문화청소년에게 내가 길거리를 다니면 사람들이 쳐다보거나 수군거린다고 물어본 결과 ‘전혀 그렇지 않다’가 남자의 경우 33.9%, 여자의 경우 52.8%, 학생연령별로는 41.1%를 나타나고 있다. ‘그렇지 않다’가 남자는 32.2%, 여자는 33.3%로 나타났다. 그렇다와 ‘매우 그렇다’가 각각 남자 15.3%와 3.4%를 여자 8.3%와 0%를 나타나고 있다. 학생연령별의 경우 ‘전혀 그렇지 않다’가 41.1%, ‘그렇지 않다’ 32.6%, ‘그렇다’ 12.6%, ‘매우 그렇다’ 2.1%를 나타나고 있다.

다문화청소년에게 외모나 이름이 이상하다고 가족이나 친척으로부터 놀림이나 수군거림을 받은 적이 있느냐고 물어본 결과 남자의 경우 ‘전혀 그렇지 않다’와 ‘그렇지 않다’가 각각 57.6%와 32.2%를 나타나고 있다. 여자 청소년은 32.2%와 11.1%를 나타나고 있다. 그렇다와 매우 그렇다는 거의 없는 편이다. 학생연령별도 같은 양상을 보이고 있다.

2) 학교 및 사회생활적응에 어려운 점

나는 사회적 편견과 차별 때문에 생활하기가 힘들었는가를 물어본 결과 남자의 경우 '전혀 그렇지 않다'와 '그렇지 않나'가 각긱 22.0%와 23.7%를, 여자는 44.4%와 36.1%를 나타나고 있다. '보통이다'와 '그렇다가 남자'는 49.2%와 5.1%를 나타나고 있다. 여자는 13.9%와 5.6%를 나타나고 있다. 학생, 학령별로는 '전혀 그렇지 않다'와 '그렇지 않다'가 30.5%와 28.4%를 나타나고 있다. '보통이다'와 '그렇지 않다'가 35.8% 와 5.3%를 나타나고 있다.

나는 교육받기와 공부하기가 어렵다고 물어본 결과 남자 청소년의 경우 '전혀 그렇지 않다'와 '그렇지 않다'가 28.8 % 와 23.7%이다. '보통이다', '그렇다', '매우 그렇다'가 각각 28.8%, 13.6%, 5.1%로 나타나고 있다. 여자 청소년의 경우 44.4%와 36.1%를 보이고 있다. 학생연령별로는 '전혀 그렇지 않다' 와 '그렇지 않다'가 34.7%와 28.4%를 '보통이다', '그렇다', '매우 그렇다'가 22.1%, 11.6%, 3.2%이다.

나는 친구 사귀기가 어렵다는 질문에 대하여 남자는 '전혀 그렇지 않다'와 '그렇지 않다'가 20.3%와 25.4%, '보통이다', '그렇다', '매우 그렇다'가 각각 25.4%, 22.0%, 6.8%를 나타나고 있다. 여자 청소년은 33.3%, 22.2%, 16.7%, 8.3%, 19.4%이다. 학생연령별은 25.3%, '그렇다' 24.2%, '보통이다' 22.1%, '그렇다' 16.8%, '매우 그렇다' 11.6%로 나타났다.

나는 언어(한글, 한국어)를 습득하기가 어렵다는 질문에 대하여 남자는 '전혀 그렇지 않다'와 '그렇지 않다'가 15.3%와 39.0%를 나타나고 있다. '보통이다', '그렇다', '매우 그렇다'가 28.8%, 8.5%, 8.5%를 나타나고 있다. 여자는 52.8%, 22.2%, 11.1%, 13.9%, 0%를 각각 나타나고 있다.

나는 행동과 가치의 차이 때문에 생활하기가 힘들다고 질문했더니 남자 청소년의 경우 '전혀 그렇지 않다'와 '그렇지 않다'가 23.7%와 32.2%를, 여자 청소년은 41.7%와 19.4%를 나타났다. 학생, 연령별로 물어보았더니 전혀 그렇지 않다, 그렇지 않다, 보통이다, 그렇다, 매우 그렇다가 각각 30.5%, 27.4%, 27.4%, 13.7%, 1.1%를 나타났다.

다문화청소년에게 나는 인권침해 때문에 생활하기가 힘들다고 질문했더니 남자 청소년의 경우 '전혀 그렇지 않다'와 '그렇지 않다'가 25.4%와 22.0%를 나타났다. '보통이다', '그렇다', '매우 그렇다'가 44.1%, 6.8%, 1.7%로 나타났다. 여자 청소년은 58.3%, 22.2%, 13.9%, 5.6%, 0%를 각각 나타났다. 학생연령별조사에서는 '전혀 그렇다'와 '그렇지 않다'가 37.9%, 21.1%를 나타났다.

귀하의 가장 큰 고민과 걱정은 무엇입니까 물었더니 남자 청소년의 경우 공부 및 학업문제가 45.8%, 놀림과 따돌림 11.9%, 언어문제 13.6%, 직업 및 진로문제 10.2%, 대인관계 및 성격문제 8.5%, 돈 및 경제문제 5.1%, 외모문제 3.4%를 나타고 있으며 친구 및 이성문제와 가정문제는 없는 것으로 나타났다. 여자 청소년의 경우 공부 및 학업문제 30.6%, 언어문제 16.7%, 외모문제 13.9%, 진로 및 직업문제와 가정문제가 각각 11.1%를 나타나고 있다. 학생연령별 조사결과는 공부 및 학업문제가 40%, 언어문제 14.7%, 직업 및 진로 10.5%, 대인관계 및 성격문제 6.3%, 가정문제와 기타가

4.2%를 나타나고 있다.

귀하의 가정생활에 대해 어느 정도 만족하십니까라는 질문에 남자는 '보통이다' 45.8%, '만족스럽다' 30.5%, '매우 만족스럽다' 18.6%, '불만족스럽다' 3.4%, '매우 불만족스럽다' 1.7%를 나타나고 있다. 여자는 '만족스럽다' 41.7%, '보통이다' 36.1%, '매우 만족스럽다' 16.8%, '불만족스럽다' 8.3%, '매우 만족스럽다' 0%이다. 학생연령별로는 '보통이다' 42.1%, '만족스럽다' 34.7%, '매우 만족스럽다' 16.8%, '불만족스럽다' 5.3%, '매우 불만족스럽다' 1.1%로 나타났다.

3. 생활만족도

다문화청소년의 마을생활에 대한 만족도를 물은 결과 남자 청소년은 '보통이다' 55.9%, '만족스럽다' 20.3%, '불만족스럽다' 16.9%, '매우 만족스럽다' 5.1%, '매우 불만족스럽다' 1.7%를 나타나고 있다. 여자 청소년은 38.9%, 36.1%, 11.1%, 8.3%를 나타났다. 학생 연령별로는 '보통이다' 49.5%, '만족스럽다' 26.3%, '불만족스럽다' 12.6%, '매우 만족스럽다' 7.4%를 나타났다.

귀하의 문화여가 생활에 대해 어느 정도 만족하십니까라는 질문에 남자 청소년의 경우 '보통이다' 45.8%, '만족스럽다' 27.1%, '불만족스럽다' 15.3%, '매우 만족스럽다' 11.9%, '매우 불만족스럽다' 0%, 여자의 경우 44.4%, 36.1%, 11.1%, 5.6%, 2.8%를 나타나고 있다.

Ⅴ. 다문화청소년의 복지증진방안

　서로 다른 문화와 역사를 가진 사람들이 결혼한 국제결혼가정들은 태생적으로 극복해야 할 많은 문제를 가지고 있다. 현실적으로 문화적 차이로 인한 국제결혼 부부의 갈등이나 혼혈로 인한 국제결혼가정의 자녀문제 등의 여러 가지 다양한 문제점들이 표출되고 있다(김갑성, 2006). 이들의 복지증진을 위해서 정책지원과 사회적 노력이 필요하다.

　첫째, 문화의 차이에서 오는 인식의 극복이다. 가족 공동체에서 이중문화의 존재로 인해 갈등이 빚어지고 있다. 고통, 긴장, 경제적 어려움 등으로 인해 발생하는 스트레스 등을 고스란히 떠안게 되어 가정 자체를 불안정하게 만드는 복합적인 상황이 항상 존재하므로 이를 해결해야 한다.

　둘째, 언어의 소통에서 오는 문제를 극복해야 한다. 다문화가정에서는 언어의 소통이 자유롭지 못하기 때문에 감정의 변화를 다 표현할 수 없다. 언어 소통이 자유스러우면 대화를 통하여 서로를 이해할 수 있지만 다문화가정에서는 상대방과 자기를 이해하는 데 어려움을 겪고 있다.

　셋째, 결혼의 목적에서 오는 갈등을 극복해야 한다. 다문화가정 부부는 사랑에 의하여 연애기간을 가지고 결혼을 결정한 것이 아니다. 대부분은 다른 목적을 가지고 만나게 된다. 종교적 이유, 경제적 목적, 혹은 호기심에 의하여 만나기 때문에 상대방에 대하여 쉽게 싫증을 느낄 수 있다.

넷째, 자녀교육의 문제를 극복하는 일이다. 다문화가정 자녀들은 부모의 서로 다른 가치관과 생활 풍습으로부터 어떤 것을 따라야 할지 혼란을 겪는다. 자녀교육이 주로 어머니에 의하여 이루어지는 데 어머니가 한국말이 서투르고 한국의 풍습에 익숙하지 못해 자녀교육을 하는 데 어려움을 겪고 있다.

다섯째, 다문화청소년들이 가진 공통적인 문제는 학습결손, 편견, 차별로 인한 학교부적응의 극복이다. 2001년 교육인적자원부와 펄벅 재단 한국지부의 조사에 따르면 혼혈아동의 학업중도 탈락률은 일반학생이 초등학교 미신학 및 중되가 하나도 없는 반면에 혼혈아동은 9.4%가 되고, 중학교 미진학 및 중퇴의 경우에도 일반학생이 1.1%임에 비해 17.5%나 되었다. 다문화청소년의 가장 큰 고민 및 걱정거리는 40%가 공부, 학업문제라고 응답하였다.

여섯째, 언어소통 장애에서 오는 부적응의 극복이다. 2005년의 경우 다문화결혼 중 외국 여성과의 결혼은 72%에 달하고 있다. 한국말이 서투른 외국인 어머니의 교육 아래서 성장하는 다문화청소년에게 주로 나타나는 현상으로 볼 수 있다. 다문화청소년들은 언어로 인해 크게 고민 및 걱정하고 있다. 학교 및 사회생활에 적응하는 데 주요 장애요소로 나타나고 있다.

일곱째, 행동과 가치관의 차이 극복이다. 다문화청소년의 부모는 각각 다른 나라에서 다른 가치관을 가지고 살아왔기 때문에 그들의 자녀는 아버지와 어머니로부터 보고 배우는 내용이 각각 다르게 된다. 다문화청소년들은 가치관의 혼돈 때문에 부적응의 현상을 보일 수 있다. 다문화청소년들은 자신들의 행동과 가치관의 차이로 학교와 사회생활 적응에 어려움을 겪고 있다.

여덟째, 외모와 혼혈인에 대한 사회적 편견의 극복이다. 조사결과에 의하면 다문화청소년들의 57.9%가 자신을 외국인이라고 생각하는 반면에 8.4%는 한국인이라고 인식하고 있다. 다문화청소년이 심각한 문제는 자신의 외모로 인한 친구들의 놀림과 따돌림이다.

국가정책차원에서 다문화청소년에 대한 특별지원법을 제정해야 한다. 지방자치단체차원의 지원방안으로 조례제정을 통해서 지원체계를 활성화시켜 간다. 지자체 형편에 맞는 조례를 제정하여 기금을 모금하고 실질적인 지원을 해 주어야 한다.

대구시와 대전시가 유일하게 새터민(북한이탈주민) 정착지원조례를 제정하였다. 이것을 확대하여 다문화청소년에 대한 지원을 확대시켜야 한다. 지방자치단체별로 프로그램은행을 설치하여 운영해 간다. 다문화청소년이 공통으로 겪고 있는 언어생활을 비롯한 부적응한 요인을 해소시켜 주는 노력을 활성화시켜야 한다. 현재 대부분 지자체에서 인구증가를 목적으로 다문화가정에 일부 정착금을 지원해 주고 있는데 이보다는 내국인과 같은 사회복지혜택을 주는 방안을 모색해야 한다. 귀화하여 국적을 취득하는 데는 시간이 소요되므로 이전이라도 혜택을 주어야 한다. 단체별 특성에 따른 다양한 행사와 교육 사업을 전개해 간다.

Ⅵ. 다문화청소년의 희망

1990년대 이후 우리나라에 체류하는 외국인이 늘어남에 따라 외국인과의 국제결혼이 급증하고 있으며, 다문화가족 자녀의 출생 및 혼혈인도 증가하고 있다. 다문화청소년은 서로 인종적으로 다른 부모들 사이에서의 문화저 갈등을 겪기 마련이다. 이들은 성장하면서 많은 갈등과 혼란을 경험하게 된다. 다문화청소년들의 성장발달 과정에서 일어나는 부적응문제는 다른 청소년들이 겪는 것보다 더 심각하여 이들에 대한 사회적 배려와 지원이 절실하다. 본 조사를 통해 나타난 주요결과를 요약, 정리하여 제시하면 다음과 같다.

첫째, 80%의 다문화청소년들이 부모님(또는 두 분 중 한 분)과 함께 살고 있었으며, 전반적으로 다문화청소년 부모의 학력수준이 높았으며, 다문화청소년 부모의 직업은 대부분 공장 및 건설노동자다.

둘째, 대체적으로 다문화청소년들은 한국생활에 만족하고 있으나 57.9%가 자신을 외국인이라고 생각하고 있는 반면에 8.4%만이 본인을 한국인이라고 생각하고 있다. 22.1%가 이민을 가고 싶어 하지 않는 것으로 대답한 반면에 42.1%는 이민을 가고 싶어 한다.

셋째, 다문화청소년이 일생생활 속에서 경험한 문제 중 가장 심각한 것은 자신의 외모로 인한 친구들의 놀림과 따돌림 문제와 학교나 학원 등에서의 불공평한 대우를 받는 것이다. 학교 및 사회생활에 적응하는 데 있어서 가장 어려운 점은 친구 사귀기와 언어 습득이다.

넷째, 다문화청소년들의 가장 큰 고민과 걱정은 공부, 학업문제와 언어(말투, 말씨, 한글 등)문제이다. 반면에 놀림과 따돌림이나 사회적 냉대와 무시는 낮은 응답률을 보였다. 우리가 주로 알고 있는 겉으로 드러난 피상적인 다문화청소년의 고민 및 걱정거리와는 상이하게 나타났다.

다섯째, 대부분의 많은 다문화청소년들은 가정생활, 학교생활, 지역사회 생활 그리고 문화여가생활에 만족하고 있다. 다문화청소년들은 부모, 교사와, 친구와 대화를 자주하고 있었으며 전반적으로 이웃과 좋은 관계를 유지하고 있다.

여섯째, 다문화청소년들이 가장 원하는 미래의 모습은 돈을 많이 버는 것과 가족들과 행복하게 사는 것이다. 그들이 가장 원하는 미래의 직업은 연예인 및 방송인과 전문직 및 컴퓨터 관련 종사자이다. 대다수의 많은 다문화청소년들이 자신의 미래를 밝게 보고 있다.

정책적으로는 다음과 같은 지원이 필요하다.

첫째, 생보지원금, 의료보험 등 법적, 제도적인 차별을 시정해야 한다.

둘째, 언어, 문화 등 사회적응훈련시설 확충과 프로그램개발을 개발하여 실질이고 적극적인 운영을 해야 한다.

셋째, 취업을 알선하여 안정된 생활과 풍요로운 삶을 영위해 가도록 지원하고 최저 소득을 보장해 주는 지원이 절실하다.

넷째, 다문화이해를 위한 주민들에 대한 사회교육과 캠페인을 실시한다. 동화가 아닌 개성존중의 지역사회 관계를 개선하는 데 앞장서야 한다.

다섯째, 다문화정책개발과 지원을 위한 통합센터를 설립한다. 다문화가정과 구성원의 참된 행복을 위해서 적극적인 참여와 지원이 필요하다.

참고문헌

이성언·최유(2006), 다문화가정 도래에 따른 혼혈인 및 이주민의 사회통합을 위한 법제지원방안 연구, 한국법세연구원.

정하성(2002), 청소년의 사회적응을 위한 프로그램 개발 연구, 한국청소년개발원.

정하성(2006), 신청소년문화론, 21세기사.

김갑성(2006), 한국 내 다문화가정의 자녀교육 실태조사 연구, 서울교육대학교 교육대학원 석사학위논문.

조영달(2006), 다문화가정의 사녀교육 실태조시, 교육인적자원부.

김정원(2006), 외국인근로자 자녀교육 문제와 다문화교육, 국회도서관보 제43권 제5호 통권 제325호.

설동훈(2006), 다문화가족에 대한 사회적 인식, 국회도서관보 제43권 제5호 통권 제325호.

법무부 출입국관리국(2006), 체류외국인 급증, 금년 내 100만 시대 열려.

국가청소년위원회·한국청소년상담원(2006), 다문화가정 청소년연구.

교육인적자원부(2006), 다문화가정 품어 안는 교육지원대책 발표.

통계청(2006), 2006년 사회통계조사 결과(가족, 보건, 사회참여, 노동부문).

통계청(2006), 2005년 혼인·이혼통계 결과.

한성렬(2006), 한국문화와 혼혈인에 대한 배타성, 한국청소년상담원.

한경아(1994), 한국혼혈인의 실태와 문제, 효성여자대학교 대학원 석사학위논문.

국가인권위원회(2003), 기지촌 혼혈인 인권실태조사.

평택대학교 다문화가족센터(2006), 한국다문화가족의 지원과제와 향후 방향성

제3장

21세기는 다문화청소년시대

Ⅰ. 21세기는 어떠한 사회인가

21세기는 문화의 세기로 세계의 많은 나라가 문화산업발전을 위해서 노력하고 있다. 미래사회의 변동을 예측하면서 미래지향적인 문화 창출이 중요하다. 건전하고 창조적인 문화를 세계화 시대의 경쟁요인으로 삼아야 한다. 특히 다문화 다민족 시대를 맞아서 청소년문화정책과 육성의 중요성을 강조하고 있다. 외국인 거주이주자 청소년에게 문화적인 기본적 필요(basic needs)를 충족시켜 주기 위한 정책과 사회운동이 필요하다. 과거 근대화 과정의 30년간의 생활양태는 시간＝생산＝소득＝성취＝행복이라는 등식이 통용되었으나 21세기에는 시간＝소비＝성취에 따른 희열로 변화하게 되었다. 산업구조가 제조업에서 정보산업변화 (G. D. P.의70%를 서비스 산업이 담당하게 된다. 가치관은 물질가치 → 제2의 물결가치 → 제3의 물결가치 → 제4의 물결가치(인간과 자연의 유기체적 통합가치 추구)이다. 외국인 거주자 청소년지도는 그들이 성장하여 성인이 되었을 때 자신의 몫을 유능하고 훌륭하게 수행하므로 자아를 실현하며 사회공익에 기여하는 데 있다. 미래지향성을 띠고 장기적인 차원에서 외국인이주자청소년을 지도해 가야 한다. 사회변화에 가속도가 붙고 있는 현실을 직시할 때 오늘의 청소년들 욕구와 미래사회의 요구성이 조화를 이룰 수 있도록 지도해 가는 일은 중요하다. 지도하는 기성세대와 청소년이 함께 논의하여 공감대가 형성된 후 지도 목표를 정하고 이의 달성을 위한 청소년상을 정립하여 지도해 갈 수 있는 방안 모색이 필요하다. 특히 21세기의 청소년 육성은 미래사회의 변화를 예측하거나 변화에 능동적으로 대처할 수 있는 자질과 능력을 길러주는 데 중점을 두어야 하므로 미래사회의 변화를 예측할 수 있어야 한다. 미래사회의 변화를 일반적인 특성과 부문별 변화의 특성으로 나누어 살펴본다.

1. 일반적 특성

1) 생활양태의 변화

시간개념이 생산에서 소비로 변화되므로 여유시간을 자신의 취향과 소질에 따른 사회공익 자원봉사활동을 사회는 요구하게 된다. 주류산업이 서비스업으로 전환하게 되므로 이것이 국제 경쟁력에서 승리할 수 있어야 한다.

2) 한국사회는 제조업에서 IT산업으로 변화하게 되므로 창조성과 도덕성을 절실히 요구하게 된다. 한국 사람은 교육수준이 높고 인정이 많으며 자아실현 동기가 강한 특성을 보이게 된다. 한국사회는 개성화·차별화·다양화·이질화 가능성이 높은 사회가 예측된다.

3) 가치관의 변화

미래사회는 인간과 자연의 유기체적 통합가치(The fourth of wave)를 추구하게 된다. 우주 삼라만상의 모든 존재에 대한 가치와 의미를 존중하며 함께 공존 공생하는 상호의존성이 높은 사회가 도래할 전망이다.

2. 부문별 변화의 특성

1) 정치경제영역

산업사회의 급속한 변화에 따른 일반적 가치관 혼돈과 더불어 20세기 말에 나타난 시대사조인 포스트모더니즘(postmodernism)은 합일적 이데올로기 가치관을 부정하고 다양한 개별적 가치관을 선호하므로 21세기의 정치영역에서는 정치적 이념과 그의 실천 방향을 잡기가 매우 어려워 정치적 표류의 위험이 있을 것으로 예상할 수 있다. 민주주의 가치와 자유경제 시장체제가 더욱 견고해질 것이다.

경제적인 측면에서도 과학기술과 정보통신산업의 고속발달로 인해 정보화에 의한 제3차 혁명이라고 할 수 있는 고도의 정보화 산업사회가 전개될 전망이다. 이것은 새로운 산업경제 구조를 만들어 내고 생활양식에도 변화를 가져와 이와 관련된 산업경제가 급속히 변화할 것으로 예측되고 있다.

2) 사회문화영역

　물질지향적인 사고와 황금만능주의가 감소되고 문화적 감성이 높은 사람을 요구하며 필요로 하는 사회가 될 전망이다. 전통적 가치관과 현대의 가치관 충돌로 나타나는 세대 간 갈등 및 사회 전반적인 가치관 혼돈 양상을 보이게 된다. 개인과 집단, 국가가 자칫하면 무한경쟁의 사회 속에서 방향 없이 표류할 위험이 예상된다.

　의·식·주 기본문제를 해결한 21세기의 많은 국가들은 개인소득과 여가시간의 증대로 인한 생활의 풍요 속에서 문화적 욕구와 수요가 증대할 것으로 예측된다. 문화적 수요 증대는 개인적으로는 '삶의 질'을 위해 그리고 사회경제적으로는 경쟁력 제고를 위한 창의성 개발의 필요성에서 문화에 대한 수요가 크게 증가한다고 볼 수 있다. 세계의 여러 나라 간에 다양한 문화의 교류가 활발해질 것으로 전망된다.

3) 과학교육영역

　21세기 글로벌 정보화 시대에는 첨단 과학기술의 대중화 시대로 접어들어 가서 화상회의, 로봇 산업, 동시통역, 소프트웨어, 인공식량 등 각 분야별로 진행 중인 신기술과 신개발이 생활화될 전망이다. 유전공학의 발달과 산업공해 증가를 유발하여 인류와 지구 환경에 부정적 영향을 끼칠 것으로 예상된다. 과학의 발달은 기술을 개발시켜 인간의 노동기회 감소와 자동화 시스템으로 생활이 편리해질 전망이다.

　어느 시대보다 교육의 역할이 결정적일 것으로 예측할 수 있는 데 이는 정보사회·복지사회·지식사회·다원화사회로 대변되는 미래사회 속에는 교육이 각 개개인에게 미래사회의 사회화과정에 필요한 기술과 정보 및 지식을 습득하게 하여야 한다. 국가경제성장에 필요하며 우수한 전문가들을 키워내는 데 교육의 역할이 막중한 임무를 가지게 될 것이다.

특히 제도권 교육보다는 비제도권 교육인 사회교육의 다양한 프로그램의 수요가 증가될 전망이다. 다양성의 시대에 걸맞은 취미생활과 새로운 지식은 사회교육이 매우 활성화될 것이다.

4) 환경영역

과학기술의 발달로 인한 산업화의 가속화와 인구의 증가, 화석연료 소비의 증대로 인하여 결과적으로 전 세계적으로 심화되고 있는 환경문제가 점차 인류 전체의 생존과 관련된 중요한 문제로 대두될 것으로 예측할 수 있다. 오염과 자원낭비는 인간의 삶의 터전을 크게 위협하게 되어 환경보존과 관리 문제가 중요하게 된다.

우리나라의 청소년문화정책은 불모지로 그동안 기성세대와 정부의 일방적인 시각에 의해서 결정되어 왔다. 2000년대에 와서 청소년의 자발적인 참여를 강조하는 관점이 한국청소년정책수립의 기조가 되었다. 21세기의 청소년정책은 청소년의 자아완성을 통한 진정한 행복실현에 두어야 하며 문화정책 역시 이러한 범주 속에서 추진되어야 한다. 전통적인 가치인 장유유서와 남녀유별의 관습적인 굴레에서 자유롭고 자질과 능력이 개발된 독립된 인격체로 성장해 갈 수 있는 문화를 창조하고 지켜가는 일이 중요하다. 청

소년에 의한 청소년을 위한 다문화청소년 사업이 추진될 수 있는
제도적 장치가 필요하다.

Ⅱ. 다문화를 어떻게 이해해야 하나

1. 문화생성의 과정과 특성

1) 문화생성의 과정

미래사회를 문화의 세기로 단정하고 추인하려는 분위기가 매스
미디어를 통해서 진행되어 왔다. 이를 시간적인 차원에서 살펴보면
우리나라는 80년대 후반부터 문화를 21세기를 대표할 상징적인 이
미지로 인식하기 시작했다. 특히 뉴미디어와 테크놀로지의 등장으
로 새로운 생활양식, 다양한 삶의 원형들은 문화를 거대한 흐름으
로 자리매김해 놓았다. 1990년대에는 록까페, 압구정동, 테크노바,
PC방 등 신문화적인 상징을 압축시킨 문화공간들이 많이 생겨났
다. 사회분위기가 새로운 문화를 도입하고 창조하면서 기성세대문
화와 구분되는 청소년문화에 관심을 갖게 되었다. 인류는 일상생활
속에서 느끼고 생각한 것을 편리하고 유용하게 변화시키려는 노력
과 발전과정을 거치면서 새로운 문화를 만들어 후대에 전해 왔다.
문화의 전승은 사회발전의 원동력이 되어 과학기술은 물론 생활양
식을 지속으로 크게 발전시켜 가고 있다. 인류는 원예시대부터 정

착생활을 하면서 집단생활을 하게 되어 문화를 생성하여 발전시켜 왔다. 집단생활을 하면서 사회구성원 간의 의사소통, 통찰력, 의식, 태도, 생활방법 등을 익히며 습득하게 되어 문화가 발전하였다. 문화가 존재하지 않았다면 인간의 공동생활과 사회발전은 생각할 수 없다. 문화의 발전은 바로 인간생활의 향상이며 사회의 번창을 의미한다.

문화는 인간의 생물학적 측면을 제외하고 집단의 행위양식에 초점을 맞추고 있어 생활 속에서 발생하는 기능과 사회문제의 총체적 의미를 갖고 있다. 문화에 의해서 생활양식을 익히고 의사전달 수단을 배우며 함께 어울려 살아가게 되었다. 사회구성원들은 사물과 지식, 언어와 가치관, 규범과 질서를 배우고 익혀서 이를 후대에 전승하고 있다.

문화는 우리시대의 일상적인 관심사로 시대정신에 부합하는 창조문화와 전통문화를 육성시켜 가는 일이 중요하다. 문화의 생성과정은 사회구성원의 필요에 따라서 자연적으로 또는 지도자나 구성원 간 합의에 의해서 의도적으로 만들어진다. 자연에 도전하고 응전하면서 보다 낳은 삶을 영위해 가기 위해서 때로는 지도자를 중심으로 사회구성원의 합의에 의해서 문화는 의도적이고 계획적인 노력에 의해서 생성되어 육성된다.

2) 문화의 특성

문화는 속성요인의 발전에 따라서 진보하게 된다. 문화의 속성은 학습성, 축적성, 전체성, 공유성, 변동성의 요소를 지니고 있다.

학습성은 인간은 문화를 배우고 습득할 능력을 지니고 태어나서 출생과 더불어 하나하나 배우고 익혀 간다. 고급문화, 하위문화, 대중문화, 세대문화 등의 다양한 문화가 있으며 요즘 새로운 서울의 강남문화를 만들어 가는 것이 그러하다. 그들만의 사회관계, 식생활, 여가생활, 소비생활의 특성을 지닌 채로 발전되어 가고 있다. 문화의 축적성은 문화는 끊이지 않고 세대와 세대로 전승되고 축적되어 가서 전통을 만들고 관습을 만들게 된다. 문화는 공유성이 있어 사회구성원 모두가 유기적인 관계를 맺으면서 체계적인 하나의 통합된 전체를 구성하게 된다. 사회구성원 대다수가 사회의 핵심적인 규범과 가치를 수용하고 고유한 생활양식을 따르는 것도 이 때문이다. 문화는 규칙성이 있어 반복적으로 지속되면서 유지 전승되어 간다. 그러나 문화는 시간의 지남에 따라 사회구성원이 요구하는 방향으로 새롭게 점차적으로 변화해 간다.

문화의 내용은 사회구성원의 사고방식을 지배하는 것으로 가치, 규범, 관습 그리고 상징과 언어 등이라고 할 수 있다. 사회구성원이 가지고 있는 옳고 그름에 대한 평가기준, 신념, 행동을 지배하는 중요한 감정 체계를 가치라고 할 수 있다. 인간은 가치에 입각하여 상황의 옳고 그름에 대한 행동규칙을 만들어 체계화시켰는데 이를 규범이라 한다. 규범에는 민습, 원규, 법이 있는데 민습과 원규는 비제도화된 규범이다. 법은 제도화된 규범으로 때로는 민습과 원규가 공식화된 경우도 있다. 상징은 물체나 행동에 대하여 특별한 의미를 부여하는 것을 말한다. 언어는 사회집단의 산물이며 표준화된 의미를 가진 발음형식으로 사회적으로 구조화된 체계이다. 문화의 특성을 살펴보면 다음과 같이 설명할 수 있다. 첫째, 문화는 학습된다. 문화는 유전되거나 선천적으로 이루어지는 것이 아니라 후천적인 학습과 창조적 노력에 의해서 이루어진다. 학습적 기능이 없는 사회에서는 문화가 계승될 수 없다. 둘째, 문화는 특정 집단이 아닌 보편적이고 일반적인 사회구성원이 공유한다. 문화는 특수성을 배제하고 보편성과 일반성을 지향한다. 셋째, 문화는 변동을 통해 전승된다. 이 과정에서 소멸되기도 하고 변화, 축적, 발전되어 간다. 넷째, 문화는 사회구성원의 생각과 감정, 언어, 행동, 인지, 지식 등의 생활양식 전체를 포괄한다. 사회구성원의 공통된 가치를 중심으로 다양한 영역의 발전을 도모하게 된다. 다섯째, 문화는 축적성을 지니고 있다. 문화는 일시적으로 생성되었다가 소멸하는 것이 아니라 끊임없이 축적되면서 발전해 간다. 인간에게는 언어와 문자를 사용할 수 있는 능력을 지니고 있어 다음세대로 전승되고 축적되어 간다. 우리의 식생활과 풍습 등은 문화의 축적에 의해서 전승한다.

3) 청소년문화의 정체성

청소년문화를 올바로 이해하기 위해서는 정체성을 알아보아 문화가 갖고 있는 본질적인 가치를 파악해야 한다. 일반체제이론에서 적용하는 몇 가지 개념을 알아볼 필요가 있다. 문화에는 항상성이 있으므로 체계를 유지할 수 있다. 만약 체제 밖에서 새로운 성질의 정보가 체제 안으로 들어오려면 기존 체제를 유지하고 있는 항상성이 그 범주를 확장, 조율할 수 있도록 에너지의 작용을 요구한다. 체제는 변형성(Morphogenesis)이라는 성질을 통해 변화를 필요로 하는 작용에 관여하게 되는데 이는 환경의 요구에 반응하고 적응을 하기 위해 어떤 체제가 스스로를 변형시키는 특성을 지니고 있기 때문이다. 체제가 변화하기 위해서는 항상성에 의해 유지되고 있는 기존체제의 범주를 검토하고 평가하는 역할을 하여야 한다. 최종적으로는 기존 체제가 지닌 가치관 변화를 통해서 완성에 이르게 된다. 체제의 변화를 완성하는 가장 중요한 요소인데 변형성의 관여를 통해 체제가 변화하게 되는 경우, 기존 체제는 새롭게 진입한 정보를 포괄하는 새로운 체제를 완성해 가기 위해 새로운 구조와 목표, 최종적으로는 체제를 이끌어 나갈 새로운 가치관도 설정하여야 한다. 기성세대문화와 청소년문화가 관계를 맺고 겪어 가는 구조적인 모습도 이와 비슷하다. 기존 문화의 항상성의 틀을 깨고 변형성과 재방향성의 과정을 거쳐서 새로운 구조와 가치관이 내재해 문화를 만들어 간다. 사회화(Socialization)는 항상성 안에 들어가기 위한 관습적인 가치의 내재화를 설명하며 변형성과 재방향성은 기존 문화의 항상성을 넘어서 새로운 외부 정보 수용을 설명한다. 체제를 유지하려는 항상성과 새로운 체제의 구조와 목표를 설정하는 재방향성 사이에는 문화적 적응(Cultural Acculturation)의 시·공간적 간격이 존재하게 된다. 정체성은 유동적이고 변화 가능하다. 자기정체성(Self-Identity)의 문화적 적용을 문화정체성이라고 하였을 때, 청소년문화의 정체성은 '청소년문화란 무엇인가?'라는 질문에 답하게 된다. 정체성을 항상성의 특성을 통해 청소년문화를 볼 때에 청소년 세대를 형성하게 하는 체제가 구조와 목표, 가치관 등을 두고 유지해 나가려는 성질의 문화적 자아의 정체성 찾는 것이다. 기성세대가 유지해 온 문화적 항상성에 청소년 세대가 담을 새로운 목표, 구조 등의 변형과 가치관의 새로운 방향지시를 통해 새로운 체제의 문화적 항상성이 발생하고 청소년문화라는 정체성을 확보할 수 있다.

4) 청소년 다문화를 이해하는 자세

외국인이주자녀들이 대부분인 다문화청소년들에 대한 사회적 배려와 노력이 필요하다. 과거 60년대나 70년대처럼 외국인을 이상한 눈으로 보면서 무시하고 멸시하던 시각을 버리고 함께 살아가는 즐거운 이웃이라는 마음자세가 필요하다. 문화의 배척의식을 버리고 수용하려는 자세를 갖도록 노력해야 한다. 열린 마음으로 타인지향적인 자세를 가져야 한다. 자신의 주장과 생각에 앞서서 타인의 입장에서 생각할 수 있는 마음을 가져야 한다.

2. 문화의 기능, 다양성, 상대성, 지향성

1) 문화의 기능

문화는 인간의 생활문제를 해결해 주는 순기능과 사회문제를 생성시키는 역기능을 포함하고 있다. 포괄적인 의미에서 문화의 긍정적인 기능을 살펴볼 때에 다음과 같이 말할 수 있다. 문화는 사회구성원의 가치와 규범 및 생활양식을 공유하게 하므로 사회와 집단의 유지를 가능하게 해 준다. 다양한 생활양식은 환경에 적응할 수 있게 해 주며 지식을 제공하고 축적시켜서 사회를 점진적으로 발전시켜 나간다. 사회구성원의 심리적 욕구를 충족시켜 주어서 안정과 협동생활을 추구하게 한다.

2) 문화의 다양성

민족마다 의복이 다르고 먹는 음식이 다른 것처럼 문화는 매우 다양한 성향을 지니고 있다. 다양성이 생기는 원인은 사회구성원들의 환경 차이와 문제해결방식의 차이가 있기 때문이다. 각기 다른 사회는 환경에 적응하면서 나름대로 상황에 적응해 가는 방법을 터득하게 되었다. 살아가기 위한 생활양식의 개발은 각기 다른 형태의 문화를 형성하면서 만들어 가고 있다. 환경과 상황이 서로 유사하더라도 사회구성원의 가치관, 사고방식에 따라서 생활상에 나타나는 문제를 해결해 가는 방식이 각기 다르게 된다. 오늘날처럼 다양한 가치를 추구하고 계층분화가 심한 사회에서는 다양성의 존중이 중요하다. 모든 사회가 서로 다른 환경과 상황에 적응해 가면서 생활양식을 개발해 왔기 때문에 각기 다른 형태의 문화를 형성하게 되었다. 사회의 환경과 상황이 비슷하더라도 사회구성원의 가치관, 의식 등에 따라서 문제를 해결하는 방식이 달라진다.

3) 문화의 상대성

한 사회의 문화를 이해하기 위해서는 문화의 상대성을 이해하고 존중하려는 마음을 가져야 한다. 그 사회의 맥락에서 문화를 평가하고 이해하려는 태도를 가질 때에 비로소 문화의 상대성을 생각하게 된다. 후진사회를 이해하려면 그들의 입장에서 삶의 방식을 수용하지 않고는 이해할 수 없다. 다양성 시대에는 자문화중심주의 (민족중심주의)와 문화의 사대주의를 경계하고 상대성을 이해하려 는 노력이 중요하다. 문화에는 선악, 좋고 나쁨을 논하기 어려우며 다만 특성을 존중해야 하는 원칙이 있다. 다문화를 이해하려면 문 화의 상대성을 존중하고 수용하는 일이 우선적이다. 문화적 상대성 은 자신의 문화에 대한 자신감과 우월감 못지않게 상대 문화에 대 한 관심과 애정을 가져야 한다. 문화의 상대성은 이문화의 만남을 통해서 새로운 아이디어를 찾을 수 있어 문화를 창조해 갈 수 있 다. 특히 다문화 시대의 상대성은 매우 중요하다. 타 문화의 동화 가 아닌 존중하여 독립된 공존문화가 중요한 때이다.

4) 청소년문화의 지향성

문화의 지향성은 정체성 위에서 나타나게 된다. 문화정체성이 어 떠한가를 올바로 파악해야 지향성을 알 수 있다. David Riesman은 대중 사회에서 미국인의 사회적 성격을 안테나, 레이더, 나침판을 지닌 인간의 개념인 지향성 인간으로 설명하였다. 모든 사물이 지 니고 있는 독특한 성질처럼 사회 체제 안에도 인간의 성질에 지향 성이 있다고 보았다. 인간은 무엇에 의해서 어떤 작용을 하게 되 며 지표를 향하게 되는가를 파악해야 한다. 방향성을 파악할 때에 본질적 가치를 찾을 수 있다. 정체성이 '나는 누구인가?'에 대한 답을 찾는 것이라면 인간의 성질에 있어서 지향성은 '나는 어디로 가며 무엇을 해야 하는가?'에 대한 답을 찾는 일이다. 청소년문화 의 정체성을 찾아야 지향성을 제시할 수 있으며 지향성을 찾는다는 것은 새로운 함축의 정체성을 형성할 수 있다. 청소년문화의 지향성을 찾는 일은 청소년문화의 방향을 밝혀 청소년문화의 육성을 가능하게 하는 에너지의 역동을 밝혀낸다. 동일시나 모방, 투사 등과 일련의 적응 기제들을 통해 과정을 거치면서 위기를 접하게 되며 또한 위기를 극복하기도 한다. 청소년문화가 지향하는 목표나 구조에 부분적인 조율을 하게 된다. 이를 가능하게 하는 에너지는 체제가 지닌 변형성과 재방향성에 의해 제공되며 두 개념을 토대로 지향성을 구성하게 된다. 파슨스(T. Parsons)는 4가지 구별되는 문화체계, 사회구조체계, 퍼스널리티체계, 유기적 체계 사이의 상호작용에 관심을 기울였다. 유기적 체계는 적응(A) 문제를, 퍼스널리티체계는 목표성취(G) 문제를, 사회체계는 통합(I)적 문제를, 문화체계는 잠재성(L)의 문제를 주된 결과로 생각하였다.

3. 문화의 변동

1) 문화변동의 이해

인류의 문화는 오랜 기간 동안 변동하면서 순기능과 역기능의 두 가지 측면으로 나타나게 된다. 순기능은 발전 육성시켰고 역기능은 개선 또는 소멸시키기에 노력해 왔다. 문화의 변동원인과 과정을 살펴보면 다음과 같이 설명할 수 있다. 사회발전에 따라서 문화도 변화하게 되며 다양한 기능을 나타나게 된다. 문화변동은 문화과정, 발명, 발견, 문화의 전파, 문화의 수용, 문화의 동화, 문화의 지체 등에 의해서 일어난다. 문화과정은 하나의 문화체계를 형성하는 수많은 문화요소가 사회구성원의 일상적인 삶을 통해서 지속적인 상호작용을 하게 되는 것을 말한다. 지속적인 문화과정을 겪으면서 사회는 변화하게 된다.

발명은 문화가 만들어 낸 물질적, 비물질적 요소를 새롭게 조합함으로써 지금까지 없었던 문화요소를 만들어 내는 것을 말한다. 기계와 기구 같은 것은 물론이고 종교, 신화, 이데올로기 같은 관념적인 것도 발명물이다.

발견은 세상에 이미 존재해 있지만 아직 알려지지 않은 어떤 것을 찾아내거나 알아냄으로써 새로운 것이 문화요소로 추가되는 것이다. 이 또한 사회를 변화시키게 된다. 유전인자, 게놈, 신대륙발견이 여기에 해당된다. 과학기술의 발달은 새로운 발견을 활성화시켜 간다.

문화의 전파는 한 사회의 문화요소가 다른 사회에 전해지면서 그 사회에 새로운 문화요소로 정착되는 현상을 문화전파라고 하며 이로 인해서 사회가 변동하게 된다. 문화전파에는 자극전파가 있는데 이는 다른 사회의 문화요소로부터 아이디어를 얻어서 새로운 발명이 일어나는 것을 말한다. 이를테면 신라시대에 한자음을 빌려서 우리말을 표현했던 이두 같은 것이 대표적인 자극전파이다. 두 문화체계 간의 직접적인 접촉이 일어났을 경우 어떤 문화요소가 전해지면서 새로운 발명이 일어나도록 자극하는 것을 의미한다.

문화의 접변은 성격이 상이한 두 문화 체계가 장기간에 접촉함으로써 새로운 문화요소가 전파되어 사회변동이 일어나게 된다. 전반적인 문화는 그대로 유지하면서 다른 문화의 특성을 일부 받아들이게 되어 사회가 변화하게 된다.

　두 개의 문화가 접촉했을 때에 각각의 문화는 고유의 정체성과 가치체계를 유지하면서 공존하게 되는데 이를 문화의 수용이라고 하며 이 또한 사회를 변화시켜 간다. 문화의 수용과 반대되는 것이 문화의 동화이다. 두 문화가 서로 혼합되어 새로운 문화가 나타나거나 이 중 하나가 다른 문화로 흡수되어 사회변화를 일으키게 된다.

　문화의 지체는 오그번(W. Ogburn)이 종교, 가치관, 사회제도와 같은 비물질문화는 도구나 기술 등 물질문화보다 전파와 변동의 속도가 느리다. 기술발달은 물질생활을 변화시키지만 제도나 가치의 변화가 물질문화의 변화속도를 따르지 못하고 간격이 점차 벌어지게 되는 현상을 말한다. 이런 것들이 모두 문화변동의 원인과 과정이 된다고 할 수 있다.

2) 혁신의 발생

　사회구성원의 혁신적사고가 문화변동을 좌우하게 된다. 혁신은 기존의 다른 것을 만들어 내고 생각해 내기 때문에 발생하며 여기에는 사회구성원이 심리적으로 혁신적이냐 아느냐는 동기에 따라서 달라지기 마련이다. 혁신은 다른 말로 발명과 발견을 말한다. 이것은 혁신발생에 영향을 주는 사회문화의 조건에 따라서 달라진다. 사회문화의 조건으로는 아이디어의 축적, 아이디어의 집중, 공동의 노력, 이질적 요소 간의 접합, 변동의 기대, 권위주의, 경쟁, 기본적 가치의 박탈에 따라서 혁신발생이 달라진다. 이질적인 것을 접했을 때에 세 가지 반응이 나탄다. 첫째는 문화를 수용하여 모방하게 된다. 문화는 편리하고 품위 있는 상류 고급문화를 추구하기 마련이다. 그래서 문화가 발달하고 번창하기 마련이다. 생활에 편리하고 지혜로운 문화는 기존문화를 버리고 새롭게 선택하게 된다. 지난 100년의 우리 근대사를 돌이켜 볼 때에 조선후기의 기독교 유입에 따른 충돌, 일제강점기의 민족말살과 수탈정책, 해방 후 미국 중심의 문화유입과 근대화로 인한 충돌은 많은 문제 속에 변화되었다. 우리의 전통문화를 계승하고 서구의 문화를 수용하면서 주체성을 지키기란 쉬운 일이 아니다. 둘째는 문화의 거부이다. 전통적인 사회에서 구성원 간의 가치관을 혼란하게 하거나 사회를 뒤흔들게 될 때에 새로 유입된 문화를 강하게 거부하게 된다. 전통문화를 소중하게 생각하면서 유지 발전시켜 가려는 가치관이 있기 때문이다. 우리나라의 역사에서 민족적 차원에서 발생한 대표적인 문화의 거부사례를 조선시대의 단발령을 들을 수 있다. 을미사변 이후 내정개혁을 추진하던 김홍집 내각은 미국견문을 하고 귀국한 대신 유길준을 비롯한 내각의 급진개혁세력들은 1895년 11월 15일 단발령을 고시하여 국민의 엄청난 저항을 받았다. 김홍집은 피살되고 전국 곳곳에서 단발령에 대한 강한 저항운동이 일어났다. 당시의 머리에 대한 가치관은 효경과 소학에 근거하고 있었다. 즉 "신체발부는 수지부모요, 불감훼손이 효지시여라" 자신의 몸을 부모처럼 생각해서 아끼고 관리할 것을 교육받았다. 국가의 강압에도 굴복하지 않고 머리를 잘리지 않기 위해 자살을 택했던 사례가 많았다. 머리를 깎을 것과 징역 1년을 살 것을 선택한 사례는 기존의 전통문화를 지키고 새로운 문화에 대한 거부를 목숨과 바꾼 사례다. 악랄한 일제치하에서 우리 민족은 설날(구정)과 음력을 사용

금지했고 창씨개명을 법령으로 선포하였으나 국민의 엄청난 저항에 부딪쳤다. 미나미[南次郎] 총독은 1937년 4월 사법개정조사위원회를 설치하고 1939년 1월 10일에 제령 제19호조선사령을 개정하여 1940년 2월 11일에 창씨개명을 시행하도록 하였다. 문화는 사회구성의 동의 없이는 생성되거나 소멸될 수 없음을 역사는 말해 주고 있다. 셋째는 문화의 타협이다. 기존의 고유문화와 이질적인 문화와 타협을 모색하는 혼합주의(syncretism)적인 반응을 나타난다. 문화의 유지는 구성원의 학습과 습관에 의해서 전승되어 유지된다. 의, 식, 주생활은 그 대표적인 것으로 수천 년, 수백 년이 지나도 변화하지 않는다. 우리민족의 풍습인 추석, 설, 제례문화 등은 지금도 온전하게 보전되어 지켜지고 있다. 이슬람교도들의 기도, 식생활, 의생활 등 생활문화는 아무리 과학기술이 발달되어도 변화하지 않고 전승되어 유지되고 있다.

3) 문화의 전파

일반적으로 혁신을 통한 문화변동보다는 다른 곳에서 새로운 문화가 전파(diffusion)되어 변화하는 경우가 많다. 세계는 인터넷의 발달, 교통통신의 발달, 교류의 증대로 빠르게 문화가 전파되고 있다. 새로운 문화가 전파되는 것은 수용자 입장에서 볼 때는 채용하는 것으로 로저스(Everett Rogers)는 이를 다섯 단계로 설명하고 있다. 첫째, 인식단계이다. 새로운 혁신이 노출되고 있으나 이에 대한 충분한 지식을 가지고 있지 못하다. 둘째, 관심단계이다. 혁신에 대해 관심과 호감을 갖고 정보를 더 얻으려 한다. 셋째, 평가단계이다.

현재와 미래와 연관해서 이익이 크다고 생각될 겨우 시험적으로 채용하게 된다. 넷째, 시험단계이다. 혁신을 소규모로 시험해 본다. 다섯째, 채용단계이다. 혁신의 본격적으로 사용을 결정하게 된다. 혁신의 성격으로 이는 새로운 것의 채용을 좌우하는 요인 중 하나로 혁신성격을 들 수 있다. 혁신의 특성은 채용의 여부와 채용속도를 좌우하는 것으로 이익, 적합성, 복합성을 들 수 있다.

채용자의 사회적 특성을 들 수 있다. 첫째, 한계성 기존의 관념, 사회조직, 원리, 기구, 가치관에 따라서 달라진다. 둘째, 사회적 지위이다. 사회적 지위가 유리한 사람은 혁신을 거부하게 된다. 소위 기득권 유지가 자신의 이익이 되기 때문이다. 그러나 사회적 지위나 위세가 높은 사람이 혁신을 채용하게 되면 문화전파는 매우 쉬우며 빠르게 전파된다. 반면에 혁신에 대한 저항도 만만찮다. 새로운 아이디어나 기계는 저항에 부딪히는 경우가 많다. 초기에는 일반적으로 저항을 받게 되며 정착되기까지는 시간이 필요하기도 하다. 첫째는 문화적 저항이다. 혁신에 대한 문화적 저항은 문화가 갖고 있는 정체성을 들 수 있다. 혁신이 기존의 가치나 문화요소와 특별히 충돌하는 경우다. 둘째는 심리적 저항이다. 혁신에 대한 심리적 저항은 관습과 새로운 것에 대한 두려움이다. 그리고 무지이다. 셋째는 경제적 저항으로 주로 가격과 관련되어 있으며 때로는 효율성 등의 이유로 저항을 받을 수 있다. 넷째는 이념적 저항을 들 수 있다. 새로운 이념이나 행동양식이 어떤 집단의 이념과 충돌하면 저항을 받게 된다. 가톨릭 교회의 산아제한 반대가 대표적이다. 다섯째는 기득권자들이다. 이들은 변화로 손해를 보게 되는 사람들이다. 이들의 혁신에 대한 반대는 이기주의에서 일어나게 된다.

4. 청소년문화의 문제

　우리나라의 청소년문화는 말만 풍성할 뿐 대표할 수 있는 상징
문화가 없다. 청소년문화가 육성할 수 있는 여건이 조성되지 않고
청소년을 둘러싼 사회적 여건이 열악하기 때문이다. 과중한 학습활
동에 시달리고 있어서 자기 시간을 가질 수가 없다. 청소년들이
자신의 주장이나 권리를 찾기에는 여건이 너무 미숙해 있다. 청소
년들의 언어, 놀이, 몸짓, 옷차림, 대인관계들이 미숙하고 어리게
보인다. 도덕적으로, 윤리적으로 훈련이 부족하여 지나칠 정도로
행동이 거칠고 예의가 없다. 청소년문화를 우리 사회가 육성은커녕
오히려 왜곡하고 저해하는 요인이 너무 많다. 이를테면 청소년에
대한 무관심과 이들을 대상으로 돈벌이를 하려는 사람들이 많은
것도 문제이다. 청소년과 관련된 법과 제도 역시 모순과 문제가
많아 청소년문화육성에 저해가 되고 있다. 청소년문화육성과 관련
된 문제점을 몇 가지로 지적하고자 한다. 첫째는 청소년문화시설과
공간의 부족이다. 청소년들이 즐기고 자신의 감정을 표현할 수 있
는 문화시설과 공간이 절대적으로 부족한 현실이다. 서울의 동숭로
의 대학로 같은 문화공간의 확장이 필요하다. 약간의 청소년공간을
지자체에서 만들고 있으나 공간적으로 너무 협소하고 열악하며 지
나치게 상업화되고 있는 현실이다. 둘째는 상업주의 만연이 청소년
문화육성에 역기능을 초래한다. 학교주변, 지역사회에는 수많은 청
소년유해환경이 만연해 있어 청소년을 어렵게 만들고 있다. 셋째는
잘못된 교육제도와 노동조건이 청소년문화육성을 저해하고 있다.
우리나라 청소년의 대부분이 학생이다. 따라서 교육제도의 모순을

제거하고 비교육적 요소를 시정하는 일이 급선무이다.

5. 다문화의 이해 그리고 창조와 육성

1) 다문화에 대한 이해

어려서부터 몸에 밴 우리 문화를 안으로 하고 다른 문화를 이해하기란 쉬운 일이 아니다. 타 문화를 이해하려면 우선 그 나라의 역사적 배경을 알아야 한다. 필리핀은 외세의 식민지로 430년을 살아왔다. 과거의 자국의 역사를 찾기가 어렵고 식민지 시대의 기록이 있을 뿐이다. 이러한 역사적 사실을 이해하지 않고서는 다문화를 이해할 수 없다. 다음으로 현실을 파악해야 한다. 현실적인 정치, 경제, 문화 등에 대한 올바른 인식이 있어야 한다. 현실을 도외시하고는 진정으로 그 나라를 이해할 수 없다. 정치경제, 사회문화의 특성을 이해해야 한다. 미래의 가능성을 수용해야 한다. 미래의 비전을 갖고 과거의 역사가 어떤 힘을 발휘하며 현실 문제를 극복해 가는지에 대한 정확한 예측이 있어야 한다.

2) 다문화의 창조

문화는 사회구성원의 요구와 필요에 따라서 새롭게 창조되어 간다. 지역사회에 다민족의 문화가 혼합해서 존재할 때에 문화의 접합과 응용을 통해서 새로운 다문화가 창조하여 정착하기 마련이다. 다차원분석에 의해 개인과 집단의 문화 프로파일을 제시하고 조직

내외의 문화 간 역동성을 진단 분석하여 조직 내의 문화적 다양성을 포용하게 하는 일이 중요하다. 내부나 외부에 존재하는 서로 다른 문화 간의 장벽을 극복하여야 한다. 그러기 위해서는 사회구성원의 다문화적 리더십, 의사소통과 다문화역량(cross - cultural competencies)을 개발해야 한다. 다문화의 역량을 배양하여 지역사회 구성원 간의 원만한 의사소통과 문제해결방식을 상호 간에 이해하는 일이 우선돼야 한다.

3) 다문화의 육성

다문화를 육성하기 위해서는 현재 제공하고 있는 서비스에 대한 접근성, 내용, 질을 향상시켜 주기 위한 노력이 선행돼야 한다. 다문화가족 지원프로그램의 대부분이 민간 기구에서 법률상담, 문화축제 등의 회합행사, 취업알선 등의 고충해결을 주로 지원해 주고 있으나 너무 미미한 실정이다. 지방자치단체에서는 외국인 근로자에 대한 무료건강검진, 농촌지역의 결혼이민자를 위한 한국어 교육, 문화체험, 예절교육 등을 지역사회적응 중심으로 운영하고 있다. 농촌진흥청 농업과학기술원 농촌자원개발연구소는 여성결혼이민자 가족(농촌다문화가족)을 위해서 '농촌생활가이드' 책을 국·영문판으로 발간하여 다문화가족의 성공적인 정착을 돕고 있다. 이 책의 내용은 다문화가족의 안정적인 정착을 돕는 생활상담(생활서비스 상담기관, 긴급 상담번호), 국적취득(자격과 절차), 농촌생활(농사절기, 교통수단, 가족관계 및 호칭, 생활에 필요한 한국어 등), 농가 지원서비스(교육서비스, 일손 돕기 및 영농자금 지원서비스 등) 지원관련기관(출입국관리사무소, 여성결혼이민자센터 등)에 관한 5영역 19항목의 내용을 담고 있다. 이 자료는 한국 농촌의 다문화가족들에게 생활여건을 향상시켜 주고 정착을 지원하며 지역사회 시스템에 연계시켜 주는 다양한 정보를 안내하고 있다. 다민족국가의 대표적 나라인 미국은 이민자를 비롯한 주변시민들을 주류사회로 진입하기 위해서는 melting pot theory를 유지해 오다가 1980년대에 이르러서는 다문화의 특성을 유지하는 이론인 salad theory를 존중하면서 미국의 가치와 규범을 수용하여 동화되기를 바라는 정책을 유지해 왔다. 세계에서 최초로 다문화주의법을 제정한 캐나다의 경우 퀘벡 지역의 프랑스인과 문화적 충돌을 방지하고 문화사회적 협력과 통합을 위해서 1982년에 캐나다 헌법에서 다문화주의 이념을 확인하였고 1988년에는 다문화주의 정책선언을 명시한 국제법을 제정하였다. 캐나다의 이 법은 다양성 유지와 평등성 달성이라는 두 가지 목표를 달성하기 위해 노력하고 있다. 우리나라의 경우는 2006년 4월에 다문화와 관련된 법제정을 국회에 제출하였으나 지금까지 계류 중에 있다. 계류 중인 법 제정안은 탈법적인 결혼중계방지 및 당사자보호, 안정적인 체류지원, 조기적응 및 정착지도, 아동의 학교 생활적응 지원, 안정적인 생활환경조성을 골자로 한 여성결혼이민자 가족의 사회통합지원 대책을 담고 있다. 또한 법무부에서는 재한(在韓)외국인 등의 처우기본법(외국인기본법)을 준비 중에 있다. 국가인권위원회는 출신국가, 출신민족, 인종, 피부색, 가족형태 등에 의한 차별을 금지하는 차별금지법 제정을 추진하고 있다.

　다문화청소년을 육성하기 위해서는 몇 가지 지원 시책을 추진해야 한다. 첫째, 교육, 홍보를 통한 다문화를 이해하도록 해야 한다. 우리나라 전체 결혼의 14%를 차지하고 있는 외국에 대한 이해가 니무 부족하고 배타저인 생각을 갖고 있다. 이민족에 대한 이해와 상생의 정책적 배려는 국민교육과 홍보활동을 통해서 할 수 있다. 둘째, 생활정보를 제공해 준다. 셋째, 평등한 가족관계를 유지해 간다. 넷째, 여성부산하 다문화 가족지원 센터를 지정하여 국가와 지방자치단체에서 운영하도록 한다.

6. 호스트 패밀리 운동전개

문화는 시간과 공간에 따라서 소멸하기도 하고 생성되기도 한다. 글로벌 시대의 도래로 인해서 이질문화의 교류가 활발해지면서 공존과 발전이라는 차원에서 다문화를 창조해 가야 한다. 문화의 갈등과 충돌을 최소화하고 상대방문화를 이해하기 좋은 방법으로 홈스테이(home stay)와 자매결연을 들 수 있다. 이 두 가지 방법을 호스트 패밀리 운동이라고 말할 수 있다. 홈스테이는 외국인을 자신의 집에 초청하여 함께 생활하면서 우리 문화를 소개할 수 있다. 자매결연은 개인과 개인, 가정과 가정, 집단과 집단, 지역사회와 지역사회끼리 서로의 신뢰 속에 관계를 맺게 된다. 홈스테이 가정의 선발은 기준을 정하여 수준에 달한 가정을 선정하여야 한다. 외국어의 이해 정도, 남을 수용할 줄 아는 자세, 타 문화에 대한 이해 정도 등을 평가하여 선발하여야 한다.

7. 다문화청소년의 특성

여러 민족의 전통과 생활양식에 따라서 문화가 다르게 나타나게
된다. 한국에 거주하는 청소년은 부모가 모국의 문화, 한국 문화를
조화 있게 융화하거나 부적응할 때에 안타까워한다. 각 나라 문화
의 따라서 영향을 받게 되어 청소년들도 특성을 나타나게 된다.

Ⅲ. 지역사회에서의 다문화청소년 육성

1. 지역사회의 다문화청소년복지

지역사회에서 거주하고 있는 타 민족청소년들이 겪고 있는 어려
움을 극복해 주기 위한 종합 복지서비스 노력이 필요하다. 지역사
회(community)는 일상적이고 보편적인 삶을 꾸려가는 주된 터전으
로 특성과 여건을 이해하고 다양한 문화형태를 파악해서 지역사회
차원의 다문화청소년 복지전략을 구축하는 일이 필요하다. 이들은
언어와 풍습에 익숙하지 못해서 원만한 사회생활을 하지 못하고
있다. 지역사회 차원에서 다문화청소년을 위한 언어, 글자, 생활풍
습, 사회관계훈련을 체계적으로 실시하여야 한다.

지역사회 차원에서 다문화청소년복지를 위해서 체계적인 시업추
진이 필요하다. 이주가족청소년을 위한 계획을 수립하기 위해서 단
계적 방법을 도입해야 한다. 제1단계는 이주외국인청소년에 대한

욕구조사와 지역사회 여건을 조사하여야 한다. 지역사회에 거주하는 외국인청소년 중 대표성이 있는 몇 사람과 이야기를 통해서 이들의 당면한 욕구와 해결해야 할 문제를 찾아낸 후 이의 해결을 위한 지역사회의 여건을 고려하여 계획수립 범주와 내용을 설정한다. 제2단계로는 다문화청소년 복지증진을 위한 계획을 수립하여야 한다. 제3단계는 지역사회에서 집행하고 실천하여야 한다. 제4단계는 사업결과에 대하여 평가를 실시한다. 이를 피드백(feed-back)하면서 지속적으로 사업을 추진해 가야 한다.

1) 지역사회의 이해

지역사회는 일상적인 삶이 이뤄지는 주된 활동공간으로 주민들의 생활터전을 말한다. 생활의 범주를 일일생활권으로 규정하는 이유는 지리적으로 거리가 멀 경우 사회적 관계가 원만하지 않아 심리적 유대감이 돈독해지기 어렵기 때문이다. 학자들은 지역사회를 전통적으로 보편적인 지리적 지역사회를 중심으로 기능적 지역사회와 사이버 지역사회로 구분하여 설명하고 있다. 주민들의 생활이 일정한 공간에서 이루어지는 지리적 요소(geographical area)가 중시되고 있다. 요즘 사이버공간의 역할이 중요하게 대두되고 있으나 인간은 생활터전인 일정한 공간을 떠나서는 살기 어렵다. 일정한 공간에서 사회구성원끼리 심리적으로 끈끈한 공동유대를(common tie) 형성하면서 신뢰와 안정 속에서 살아간다. 이웃끼리 끊임없이 지속적으로 상호작용(social interaction)을 하게 되는데 이를 인간 공동체인 지역사회라고 한다.

기능적 지역사회는 구성원 간의 기능적인 유대관계를 중심으로 형성된 집단을 말한다. 이를테면 동창회, 향우회, 계우회, 요식업조합 같은 조직체를 기능적 지역사회라고 할 수 있다. 지리적으로는 멀리 떨어져 있으나 추구하는 이해관계나 정신, 심리적인 내용을 함께 공유해 가는 조직을 말한다.

사이버지역사회(cyber community or virtual community)는 최근에 생긴 말로 가상공간에서 on line를 통해서 심리적인 공감대를 형성하고 사회적인 관계가 이루어지고 있는 집단을 의미한다. 사이버공간에서 이루어지고 있는 동호회 등을 들 수 있다. 이는 조직보다는 집단적인 성격이 강하며 지리적 지역사회처럼 잦은 대면적인 접촉이 거의 없어 사회적인 관계성과 심리적인 신뢰성이 미흡하다.

전통적인 지리적 지역사회의 개념도 교통, 통신의 발달과 세계화 시대의 빠른 도래로 과거의 마을, 촌락 등 소단위 지역사회에서 읍, 면, 동 단위의 광역지역사회로 확대되어 가고 있다. 지역사회의 본질적 의미는 인간관계가 밀접하게 형성되어 이루어지는 집단으로 그 성격이나 특성은 사회관계의 공간적 영역이 아무리 확대되어도 그대로 존속되어 나타나게 된다. 그러나 아직도 농촌이나 오지 같은 곳에서는 공간적 특수성에 의한 일일 주생활권의 영역이 분명한 경계를 이루고 있음을 많이 발견할 수 있다. 이곳에서 거주하는 주민들의 대부분 생활이 한정된 일정공간에서 이루어지고 있음을 알 수 있다. 지연 속의 생활단위로서 지역사회를 '주민의 일상생활 대부분과 주요부분을 지리적 생활공간 안에서 영위해 가며 주민들 간의 신뢰적인 사회관계를 지속적으로 증진시켜 가는 집단'이라는 개념이 가능할 수 있다. 오늘의 도시사회에서는 이와 같이 한정 공간 안의 인간관계보다는 기능적 직업적으로 폭 넓은 사회관계가 이루어지고 있다. 현대 사회의 도시사회는 인구밀도가 높고 규모가 크며 사회관계가 공동이익(common interest)을 매개로 하여 광역단위로서 형성되고 있기 때문이다.

농촌이나 어촌 또는 오지 등은 주거지를 중심으로 일상의 중요한 대부분을 영위하는 공간성이 강조되고 있으나, 도시는 주거지 동일 지역의 일상생활이 그처럼 강한 의미를 갖지 못하고 있다. 그러나 아파트 단지와 단독 주택 단지처럼 주거지를 중심으로 자녀들이 학교를 다닌다든지(특히 유치원), 슈퍼마켓과 같은 시장을 이용한다든지 말단 행정기관의 서비스(service)를 받는다든지 하는 것은 일정한 공간기능의 한계와 의미를 지니고 있기 때문이다.

따라서 도시와 농촌이라는 지리적 단위 또는 지연적 지역사회와 공동체라는 사회적 단위로 양분법에 의해서 지역사회를 설명할 수 없으나, 현대사회에서는 지리적 공간의 중요성이 크게 약화되면서 공간성과 이익의 혼합형인 중간 형태로의 이행, 그리고 순수한 공동 관심만으로 형성된 이익지역사회(interest community)로 이해할 수 있다.

대부분의 학자들은 지역사회를 독립된 별도의 개념으로 보고 있으며 지역사회가 지닌 개념적 특성으로 볼 때 이는 반드시 독립된 개념으로 보는 것이 타당하다. 오늘날 대부분의 사회학자들은 작은 마을, 촌락, 읍, 시, 거대도시 지역과 같은 사회적·공간적 조직의 단위를 나타내기 위해서 지역사회라는 말을 사용하고 있다. 다시 말하면, 지역사회란 인간이 가정을 유지하며 자녀를 생산·양육하기 위하여 직장을 갖고 일상의 대부분의 시간을 소비하는 장소이다.

2) 지역사회의 다문화

우리나라의 지역사회는 전통적인 가치와 생활양식을 중시하는 전통문화를 오랫동안 보지해 왔다. 일제 시대의 일본인과 결혼하여 한국에 정착하면서 전통적인 지역사회의 순혈주의 사고에 서서히 충격을 주게 되었다. 일본인의 악랄한 수탈과 무력통치 속에 일본인이 정착하여 오히려 주인노릇을 하면서 비정상적인 사회에서 혼혈2세를 우리는 받아들여야 했다. 6·25전쟁 이후 미군을 비롯한 외국인의 결혼과 동거생활로 혼혈아를 출생시켰고 그들은 사회적 따돌림과 냉대 속에서 생활해 왔다. 70년대 월남에 파병된 한국 군인이 현지인과 결혼하여 따이한2세를 출산하였다. 이들은 방치되어 아버지 고국에 대한 원망만 하게 되었다. 80년대부터 활발해진 국제교류는 다민족과의 혼인이 늘어나면서 다문화사회가 도래하기 시작했다. 중소기업의 3D업종의 근로자를 외국인에 의존하게 되면서 숫자는 급속하게 늘어났다. 특히 동남아시아지역 국가를 중심으로 외국인의 값싼 임금과 성실성은 경쟁력을 잃어 가는 우리 기업체에서는 아주 소중한 자원이 되었다. 90년대에 와서 탈북자를 수용하면서 이들의 사회 부적응문제는 심각한 실정이다. 탈북자가 1만 명을 넘고 있는데 이들의 사회문제가 심각하다. 정부에서는 일률적으로 1인당 정착금으로 1천 5백만 원씩 지급하고 있으나 탈북 당시 브로커에게 돈을 주기로 한 약속 때문에 이 빚을 갚기에 허덕이고 있다. 탈북자의 30%가 실직자이고 월수입 100만 원 미만이 78%에 달하고 있다. 탈북자에게는 지금의 정착지원금 대신 사회복지제도의 혜택을 부여하여 내국인과 똑같은 혜택을 주는 일이 필요하다.

지역사회차원에서 다문화를 이해하려면 외국인 거주청소년의 처지와 입장에서 공간하면서 이해할 수 있는 공유면적을 확대해 가는 노력이 중요하다. 지역사회의 구성원인 주민이 다민족으로 형성되므로 문화 역시 다문화가 형성되며 전통문화에 변화를 주게 된다. 지역사회에서 거주하는 외국인의 문화를 동화모형이 아닌 다문화모형으로 존중해 주면서 독일의 사례처럼 외국인이주자를 진정으로 통합하기 위해서는 인간의 평등성과 존엄성을 가치기준으로 삼아야 한다.

3) 지역사회차원의 다문화청소년복지 육성전략

우리는 다문화시대에 살고 있다. 다문화시대란 특정한 인종, 지역, 국가, 계층의 지배수단으로 문화와 자연정복의 문화가 아니라 개개인의 존엄성이 존중되는 바탕 위에 각기 다른 다양한 문화를 존중하여 수용하고 조화롭게 발전시켜 살아가는 공동체를 의미한다. 지역사회에 거주하는 주민들이 전통적인 한국 사람에서 점차 벗어나 세계 사람으로 구성되고 있다. 농어촌과 안산시 공업단지 부근의 지역사회의 구성원이 그러하다. 따라서 이들이 각기 자기 나라의 문화를 존중하면서 우리 문화를 이해하면서 살아갈 수 있도록 배려해 주고 지원해 주는 노력이 절실하다. 서투른 언어와 다른 외모에 대하여 놀리거나 이상하게 생각해서는 안 된다. 이것을 하나의 문화적 특성으로 존중해 줘야 한다. 주민 간의 갈등해소와 신뢰증진이 우선돼야 한다. 이주외국인 결혼은 언어와 글자에 대한 두려움과 어눌함 때문에 원만한 의사소통이 어렵고 자녀교육과 지도가 힘든 실정이다. 다문화 프로그램은행을 설치하여 운영한다. 우리의 전통문화와 외국문화를 함께 즐길 수 있는 주민의 마음가짐과 이를 실천에 옮길 수 있는 프로그램을 보유하는 노력이 필요하다. 지역사회에서 외국인이주자 청소년이 우리 사회에 자연스럽게 융화 또는 통합할 수 있도록 지원해 주어야 한다. 이들 청소년이 결코 이방인이 아니라 다양한 인종적, 문화적 배경이 다른 사회적 자산으로 인식할 수 있도록 분위기를 조성해 가야 한다. 스웨덴의 경우 사회통합청을 설립하여 정책적으로 지원하고 있으며 호주의 경우 이민자들이 이민신청 후 자격평가 인증을 거쳐서 정부가 인증하는 자격증을 갖고 정착하게 하는 제도를 우리도 도입할 만하다.

2. 지역사회의 언어체험 훈련교육

국내거주 외국인이 겪는 제일 큰 고통은 언어이다. 언어가 통하지 않아 생활에 불편함은 물론 자녀교육에 커다란 지장을 초래하고 있다. 언어는 상호 간의 의사소통은 물론 자아를 실현하고 사회를 이해하는 통로이다. 언어는 인간관계를 가능하게 해 주고 사회적 역할을 수행할 수 있게 해 준다. 외국인은 우리말을 전혀 이해하지 못한 상태에서 결혼하거나 이주해 온 사람이 대부분이어서 일상생활에 큰 고통을 겪게 된다. 외국인을 위한 지역사회문화 익히기와 더불어 한국말 익히기 캠프를 개설하여 운영할 필요가 있다. 지역사회의 인적자원을 동원하여 효과적으로 운영할 수 있는 계획수립이 우선돼야 한다. 우리말을 배우면서 지역사회규범, 풍습 등의 문화를 함께 체험할 수 있게 해야 한다. 현재 대학사회교육원에서 실시하는 한글교실, 지방자치단체에서 운영하는 여성회관의 사회교육프로그램, 교육청에서 운영하는 사회교육 프로그램에서 한글교실을 운영하고 있으나 접근성과 체계성에 문제가 있다. 중앙정부차원에서 외국인이주자를 위한 체계적인 한글교재와 학습기기를 개발하여 보급해야 한다. 한글 매뉴얼을 가지고 교육을 효과적이고 합리적으로 실시할 수 있어야 한다.

3. 공동체 전통문화 이해와 적응프로그램

1) 공동체전통문화의 이해

우리나라에 새로이 정착하고 있는 다문화집단은 한국가족에 문화적 다양성이라는 점에서 커다란 변화를 겪게 된다. 차별받지 않고 건강한 사회의 일원으로 국가발전에 기여할 수 있도록 이들의 정착과 사회, 문화, 심리 적응을 도와주는 문화적 역량(culturally competent)을 향상시키기 위해서는 우선적으로 우리의 공동체 전통문화를 이해시켜 주어야 한다. 우리의 전통문화는 과거로부터 계승된 문화적인 유산이라고 말할 수 있다. 우리나라의 유교, 불교, 도교는 처음에는 무관심하거나 저항했던 외래문화였지만 우리 실정에 맞게 수용하여 더욱 풍부해지는 과정을 거쳤다. 지난 100년 동안의 근대사를 회고해 보면 조선후기에 기독교의 유입으로 엄청난 마찰을 겪었으나 지금은 정착되어 국가사회발전에 크게 기여하고 있다. 이주외국인 자녀인 청소년들이 혼란을 겪고 적응하지 못할 때에 자연스럽게 일상 속에서 우리문화를 이해할 수 있는 국민적 인 노력 없이는 우리 문화를 진정으로 이해할 수 없게 된다. 우리 의 전통문화를 이해하기 위한 교육, 체험, 견학 등의 프로그램이 필요하다.

2) 한국사회의 적응 프로그램

한국의 전통문화를 근본부터 이해하기 위한 현실사회의 적응 프 로그램을 개발하여야 한다. 외국인 주부의 한국적응 프로그램이 중 앙정부와 지방자치단체 및 시민단체에서 활발하게 이루어지고 있 다. 그 실태를 소개하고자 한다. 정부는 지난해 4월 청와대에서 여 성결혼이민자 가족사회 통합지원 대책회의를 열고 우리 사회가 무 심했거나 의도적으로 무시했던 혼혈인 및 이주자들의 차별문제를 공론화하였다. 국제기준에 부합하는 인권보호 및 지원방안을 마련 했다. 이로써 혼혈인과 이주자들은 차별받지 않고 당당한 사회일원 으로 국가발전에 기여하게 되었다. 앞으로 정부는 열린 다문화사회 의 발전을 위해서 적극적인 대책을 마련할 계획이다. 현재 정부는 여성가족부를 중심으로 이민법 완화 등 법의 정비 등 제도적인 방 안 마련에 고심하고 있다. 여성가족부산하기관인 중앙건강 지원센 터를 통해서 전국 21곳에서 운영하는 결혼이민자 지원센터는 결혼 이민자 가족을 대상으로 한국어와 한국의 가족문화, 한국 문화의 이해, 정보화교육 등 각종 통합프로그램을 운영하고 있다. 2006년 6월부터는 후원가정 주선, 산후도우미파견 등의 서비스를 지원해 주고 있다. 지방자치단체에서 실시하고 있는 다문화가정 통합정책을 살펴본다. 전라남도 담양군의 경우 필리핀 여성 9명을 선발하여 14개 초등학교 영어강사로 활용하는 외국어 강사 인증제를 운영하고 있다. 농촌지역의 외국인 며느리들을 지역사회에 도움이 되는 자원으로 활용하여 농촌결혼이민자의 정착을 돕고 있다. 이들은 지역사회주민들에게 큰 호응을 받고 있다. 전라북도교육청은 외국인이주자를 위한 온누리안 도움 계획을 추진하고 있다. 전북도교육청은 2005년 11월 국제결혼 가정전담반을 구성하여 도내국제결혼 자녀 680명과 학부모에 대한 지원정책을 추진해 오고 있다.

새마을 운동중앙회는 2005년부터 농어촌 외국인 주부의 한국 적응 지원프로그램 'I LOVE KOREA'를 운영하고 있다. 2006년까지 16개 지역 5천여 명을 대상으로 지원활동을 활발하게 벌이고 있다. 전남 영광군새마을 운동지회에서추진하고 있는 I LOVE KOREA 프로그램은 멘토링 제도를 철저하게 운영하여 기본적인 생활에 실질적인 도움을 주고 있다. 지역 내의 기업체와 연계하여 지금까지 외국인 주부 1천여 명이 이 프로그램에 참여했다. 이들은 새마을 지도자와 지속적인 관계를 유지하면서 성공적으로 생활하고 있다. 어려운 환경의 외국인이주자에 대해서 무료건강검진을 해 주고 있다. 한국 이해하기 프로그램으로 송편 빚기, 추석 상 차리기, 도자기 빚기, 전통음식 만들기, 문화유적탐방 활동을 벌이고 있다. 지역에 있는 기업체를 방문하여 한국의 발전상을 이해하기도 하였다. 고향가족들에게 영상편지를 만들어 보내기 사업도 추진하였다. 10

일 동안의 프로그램이 끝날 때에는 표창, 감사패 전달과 성공사례 발표회, 각 나라 전통의상 선보이기, 공연을 통해서 문화교류 시간을 가졌다. 이들은 상담을 통해서 나타난 요구는 취업과 대부분으로 경제적인 어려움의 단면과 일하고 싶은 욕구를 알 수 있다. 이들의 한국생활적응 훈련 마지막 단계로 가장 원하는 것은 취업을 통합 경제적인 도움을 받는 것으로 나타났다. 이들에 대한 적응프로그램의 핵심내용은 따뜻한 마음의 격려와 진심어린 관심이다. 진정한 조력자가 되어 지원해 주고 도와주는 프로그램이 되어야 한다.

4. 다문화육성을 위한 네트워크 구성

지역사회에서 행하고 있는 다문화프로그램과 사업을 서로 교류하기 위해서 네트워크를 구성하여 자료와 정보를 공유하고 활용해 가야 한다. 다문화 시민이 힘을 모아 그들의 문화를 지켜가면서 우리 문화를 자연스럽게 이해하고 수용하도록 해 주는 일이 중요하다, 일부 외국인 결혼자는 도주와 이탈을 우려하여 지역사회를 비롯한 외부와 소식을 단절하며 살아가고 있는데 네트워크를 통해서 교류를 확산시켜 가야 한다. 각 기업체와 지역사회에서 유능한 해외파견인력을 선발할 경우 네트워크를 통해서 신속하고 정확하게 정보를 공유할 수 있는 시스템을 개발하여야 한다. 단위 지역사회끼리 연합해서 구성한 다국적 팀활동에서 의사소통문제 진단, 분석, 대처방안, 지역사회의 다문화역량을 배양하는 노력을 기울여야 한다. 외국인지역사회에 거주하기 전과 후의 변화 상태를 조사 분석하여 그들의 적응상태를 진단한 후에 문화적인 역동성과 충돌을 분석하여 사전예방과 사후 관리 프로그램을 만드는 일이 시급하다. 국가별 문화지수평균치와 비교하여 개인과 집단의 문화적 좌표를 설정하고 문화적 가치지향성을 분석하여 평안하고 행복한 이주정착생활을 영위해 가도록 지원해 준다. 외국인이주자에 대한 문화가치측정, 개인, 팀, 조직 단위 문화프로파일을 만들어야 한다.

5. 다문화 축제운동전개

1) 다문화축제의 이해

민족마다 갖고 있는 전통문화를 소개하고 함께 즐길 수 있는 축제의 장을 일상생활 속에서 펼치는 것이 중요하다. 역사와 문화가 각기 다른 민족의 특성과 생활을 상호 간에 이해하여 새로운 협력을 꾀하기 위해서 다문화 축제운동을 전개해 갈 필요가 있다. 타민족의 새로운 신기한 문화를 체험하는 일은 원만한 사회관계유지를 위해서도 효과적이다. 다문화는 획일적이고 지배적인 시각에서 벗어나 다양한 사회의 모든 요인을 중심으로 파악하는 일이 중요하다. 이를 위해서 정부와 지자체에서 예산을 지원해 주는 것이 바람직하다. 시민단체는 지역사회의 다양한 조직과 함께 공동으로 축제를 펼쳐 가도록 한다. 청소년단체는 다문화청소년과 우리나라 청소년이 공동으로 즐길 수 있는 놀이와 프로그램을 실시한다. 기업체는 종업원과 지역사회주민이 함께하는 축제를 마련해야 한다. 지역사회주민들의 기업에 대한 애정과 관심이 증진되어 수입창출에 큰 도움이 될 수 있다. 종교단체는 타 종교와의 만남을 통해서 다양성을 수용하는 기회로 삼아야 한다. 지역사회주민이 중심이 되어 다문화를 이해하기 위한 다문화축제를 활발하게 펼칠 수 있게 해 주어야 한다.

2) 다문화축제운동의 실제

우리나라의 다문화축제는 아직 정착되지 못하고 시작에 불과하다. 국내외국인이 한데 어우러져 즐기는 축제가 아닌 일회용 행사성으로 벌어지고 있다. 국가청소년위원회가 주최하고 무지개 청소년센터가 주관 단체가 되어 실시한 2007년 새해를 맞아 이주청소년과 함께하는 다문화가 공존하는 무지개사회를 열어 가자는 취지로 다문화청소년축제(multicultual youth festival)를 개최한 것을 소개한다. 총 3부로 구성되어 오후 4시부터 7시까지 3시간 동안 진행되었다. 제1부는 축하마당으로 길놀이, 한국청소년B-boy공연, 몽골청소년공연, 새터민 아코디언 연주로 진행되었다. 축하메시지 낭독은 소설가 이외수, 개그맨 전유성, 김재동, 가수 전인권, 윤도현, 탤런트 김성령, 레슬링 금메달리스트 김광혁 등이 참여했다. 제2부에는 다문화선포식 제3부에는 축하공연이 펼쳐졌다. 전시마당 다문화청소년 이해하기, 다문화음식체험 등이 있었다. 경기도 부천시에서는 2000년부터 종교단체가 주최가 되어 해마다 다문화축제를 펼치고 있다. 2006년 10월 22일에 개최된 제7회 다문화축제(we too love Bucheon)는 러시아, 몽골, 미얀마, 방글라데시, 베트남, 스리랑카, 일본, 중국, 파기스탄, 필리핀 등에서 온 외국인 이주노동자와 부천시민이 함께하는 축제를 펼쳤다. 이날 축제에는 몽골대사, 민관단체장과 많은 내빈들이 참여했다. 미얀마와 방글라데시의 국민가수가 참여해 노래를 불렀다. 방글라데시의 젊은 노동자가 전통결혼식을 올려 축하해 주는 풍경이 벌어지기도 했다. 각기 다른 나라의 음식, 의상, 공예품이 전시되었다. 다문화축제가 예산부족과 시민인식부족으로 참여가 낮고 프로그램 내용이 빈약하고 운영의 미숙함은 개선해야 할 문제다. 기초자치단체별로 축제를 활성화시켜서 시·도 단위와 전국단위의 축제경연대회를 실시하는 것도 활성화될 수 있는 한 방법이다.

3) 다문화축제운동의 비전

다문화축제의 발전과 육성을 위하여 미래의 실천 가능한 장기적인 정책수립이 절실하다. 이주외국인과 한국인이 함께 어우러져 즐길 수 있는 실질적인 축제를 위하여 비전을 만들어 제시하는 일 중요하다. 새로운 외국인 문화를 수용하여 다시 새롭게 만드는 혼합주의 문화를 키워야 다문화의 비전을 구현할 수 있다. 다문화는 새로운 응용문화로 거듭나게 할 때에 미래의 비전을 실천할 수 있다. 첫째, 함께하는 인간적인 공동체를 키워 가는 축제가 되어야 한다. 한국 사람과 외국인이주자가 가슴을 열고 즐거움을 창조하는 하나 되는 축제가 되어야 한다. 사랑과 존경을 실천하는 인간적인 공동체프로그램을 진행해서 정착시켜 가야 한다. 둘째, 각국의 문화가 존중되고 육성되는 축제이어야 한다. 각 나라의 전통문화와 놀이문화가 활성화되는 기회가 되어야 한다. 문화의 충격이나 흡수가 아닌 서로를 존중하고 배려하는 가운데에서 자연스럽게 새로운 혼합주의 문화가 성숙할 수 있어야 한다. 셋째, 생활화된 지속적인 축제 이어야 한다. 지금처럼 일회용, 생색내기, 행사용으로 진행되어서는 안 된다. 일상 속에서 쉬는 시간을 이용하게 점심시간을 이용해서 잠깐씩 즐기는 생활 속의 축제가 필요하다. 매주 주일마다 일정한 공간에서 자발적으로 축제를 개최할 수 있도록 예산을 지원해 주고 시민들의 참여를 촉구해 간다.

(1) 가정에서의 비전

대부분의 다문화가정은 경제적으로 풍요롭지 못하고 어렵게 살아가고 있다. 이들에게 잘살 수 있다는 꿈을 갖고 살아갈 수 있는 비전을 제시해 주어야 한다. 어린자녀들이 집에서 동생들을 돌보거나 스스로 식사를 준비해서 먹는 일이 많다. 외국인청소년들의 가정에 대한 불만을 살펴보면 부모가 공부만 강요한다가 27.1%, 용돈을 적게 준다가 18.6%, 자신의 생각을 무시한다가 11.4%, 함께 이야기를 나눈 적이 거의 없다와 자신을 제대로 돌보아 주지 않는다가 각각 8.6%를 나타나고 있다.

(2) 학교의 비전

외국인이주자 청소년이 학교에서 놀림을 받거나 소외당하고 수업능력이 떨어지지 않고 주류집단으로 보람 있게 학교생활을 할 수 있도록 배려해 주는 일이 중요하다.

(3) 지역사회의 비전

일상의 대부분을 지역사회에서 보내게 되는데 언어, 풍습 등을 몰라서 어려움을 겪는 일이 없도록 해 주어야 한다. 외국인이주자 청소년들은 방과 후 모국의 친구와 부모님과 많은 시간을 보내고 있으며(52%), 한국친구(18.9%), 혼자(12.2%) 시간을 보내고 있다. 한국어를 배우기까지 친구를 사귀는 데 많은 어려움을 겪게 된다. 학교에서 차별실태를 살펴보면 초등학생의 경우 21.4%, 중학생의 경우 23.1%가 차별을 받고 있으며 내용은 놀림과 따돌림을 받고 있다. 한국학생과 외국인이주자 청소년이 함께 각각의 전통문화를 즐기면서 생활해 가기 위한 지역사회의 노력이 요구된다.

(4) 국가의 비전

세계화 시대에 걸맞은 당당한 한국사회구성원으로 살아갈 수 있는 제도와 여건을 마련해 주는 일이 중요하다. 외국인 거주청소년에게 자신감을 갖고 열심히 살아갈 수 있는 제도적 지원과 국민의식 변화를 위한 정부, 사회적 노력이 필요하다. 외국인이주노동자 자녀도 미래의 꿈과 희망을 갖고 살아갈 수 있는 시스템을 구축해 주는 일이 시급하다.

Ⅳ. 다문화청소년의 비전

격변하는 21세기는 다문화시대이다. 빠르게 진행되는 세계화 시대에 다문화의 수용과 육성은 당면한 과제가 되고 있다. 우리나라도 외국인 노동지가와 이주자의 사회적 역할이 날로 증대되어 가고 있다. 도시의 중소기업의 상당수가 외국인 노동자로 채워지고 있으며 농촌의 경우 40%가 외국인이주자가 차지하고 있다. 그러나 이들은 저임금, 과노동, 빈곤, 질병, 인격적 멸시와 사회적 냉대에 시달리고 있다. 특히 이들의 자녀는 피부색, 언어, 경제적 이유 등으로 고통을 겪고 있다. 21세기에 걸맞은 다문화청소년정책개발과 사회적 관심 속에 건전하게 육성될 수 있도록 지원하고 이해해 주는 일이 시급한 과제이다.

제4장

다문화청소년의 자아존중감 확립

Ⅰ. 다문화청소년의 자아감의 중요성

한국청소년은 단일민족이라는 이념을 바탕으로 민족동질성에 기초한 단일문화 중심의 교육적 배경 속에서 자라 왔기 때문에 타문화에 대한 편견과 고정관념이 상대적으로 강한 반면에 문화적 다양성을 이해하고 존중하는 다문화적 인성이 상대적으로 부족하다.[5] 보편적인 국민적 의식과 맞물려서 다문화가정 자녀에 대한 정부와 사회의 지원책이 미비한 현실에서 다문화청소년들이 많은 고통을 겪으며 생활하고 있다. 경제사회적 어려움 속에 자아존중감이 낮은 다문화청소년들에게 예민한 감정과 불안한 정서적인 특성은 많은 어려움을 갖게 해 준다. 우리나라에 거주하고 있는 다문화가족이 전체인구의 2%에 해당되는 100만 명을 넘고 있다. 일부 농촌지역이나 중소도시에는 외국인 결혼이주자가 20~50%에 이르고 있다. 이들은 주변인으로 소외감과 외로움을 느끼며 당당하고 떳떳한 삶을 살아가지 못하고 있으며 자아존중감이 낮으며 정체성에 혼란을 겪고 있다.

다문화가정 청소년들은 경제적으로 어려운 가정환경, 문화의 차이, 언어의 미숙 때문에 부적응상태에서 생활하고 있으며 부모, 사회, 국가에 대한 불만이 많다. 외국인 편모나 편부의 경우 언어와

---

5) 은지용, 청소년 다문화 학습프로그램모형개발연구, 청소년학연구(서울: 한국청소년학회, 2007) p.218

한글이 서툴러서 자녀가 제대로 교육을 받지 못하고 있는 것도 한 원인이다. 정체성과 소속감이 매우 낮아서 이들에게 다양한 방법을 통해서 자아존중감을 높여 주고 소속감을 느끼게 해 주는 노력을 기울여야 한다.

이들의 일상생활이 이루어지고 있는 학교와 지역사회에서 따돌림을 당하고 왕따를 당하는 일이 많아 이들에 대한 자긍심을 높여 주고 자존감을 강화시켜 주기 위해서는 정체성을 확립시켜 주는 사회적 노력이 절실하다. 다문화청소년 중 국제결혼가정의 청소년은 국가에 대한 소속감이 낮다. 외국인 근로자가정 청소년의 경우 71.4%가 나는 외국인이라고 생각하고 있으며 16.1%가 나는 한국인, 외국인 모두라고 답하고 있다.6)

한국에 거주하거나 귀화한 사람들의 자녀가 아직도 자신이 한국사람임에 대한 자긍심과 소속감을 느끼지 못하고 있다. 이들에 대한 자아존중감을 확립시켜 주기 위한 다양한 방법이 필요하다. 여기에서는 다문화청소년에게 의식교육, 인성교육, 정체성교육 그리고 이미지 메이킹 학습과 훈련을 실시하여 자존감을 증진시켜 줄 수 있는 방안을 찾으려 한다. 실제적으로 자아존중감을 높여서 건전한 다문화청소년육성에 기여할 수 있다. 다문화청소년과 일반사람들이 상호 간에 존중하며 인정해 주는 끊임없는 사회적 노력이 절실하다. 자아존중감을 향상시켜 줄 수 있는 시책이 단편적이고 체계적이지 못해 효과를 얻지 못하는 현실이다. 문제는 다문화청소년의 자아존중감을 어떻게 높여 주느냐이다. 이에 대한 이론을 살

---

6) 정하성 외, 다문화가정 청소년의 사회적응실태 및 사회적응프로그램개발방안(서울: 한국정책
   연구원, 2007) p.59 참조.

펴보고 구체적인 방안과 실천프로그램을 만들어서 제시하려 한다. 다문화청소년의 자아존중감을 높여서 바람직한 성장을 도와줄 수 있는 다각적인 노력과 방안을 연구하는 데 본고의 연구목적이 있다. 연구방법은 문헌조사와 사회적 관찰을 통한 경험적 아이디어를 동원하는 방법으로 전개하여 약술하고자 한다.

Ⅱ. 다문화청소년의 자아존중감에 관한 이론

1. 자아존중감

자아존중감은 개인의 자아체계, 성격 및 행동을 이해하는 데 중요한 심리적 개념으로 볼 수 있다.[7] 자신에 대한 평가를 통하여 자기존중의 정도를 파악하며 자기 자신을 가치 있는 사람으로 인식하고 느끼는 정도를 말한다. 자신에 대한 주관적인 평가를 자아존중감이라고 할 수 있다. 일반적으로 자신에 대한 존중감이 높은 사람일수록 자신을 수용하고 존중한다. 청소년기에는 자기 자신을 긍정적인 사람으로 보고 가치 있는 인간으로 느끼게 하는 일이 중요하다. 특히 다문화청소년에게는 더욱 그러하다. 반면에 자아존중감이 낮은 사람은 자기 자신을 부정하고 자아에 대해 불만족하며 자기 경멸에 이르게 되어 불안한 심리상태를 갖게 되며 소극적인

---

7) 이정희 외 2인, 세대 간 가족관계와 자아분화 및 자아존중감이 대학생활 적응에 미치는 영향, 청소년학연구, 제14권, 제5호,(서울: 한국청소년학회 2007) p.414 참조

생활태도를 유지하게 되어 사회적응에 문제를 나타난다.[8] 다문화 청소년의 자아존중감상실문제는 미래에 대한 비전을 외면하게 되며 현실에 부적응현상을 나타나게 한다. 자아존중감이 높을수록 전반적인 생활에 적응이 높은 것으로 발표되었다. 따라서 다문화청소년에게 자아존중감을 높여 주기 위한 사회교육과 미디어교육은 물론이고 사회적 관심을 갖도록 노력을 기울러 가야 한다.[9] 자아존중감은 중요한 타인과의 관심에 대한 수용이나 사회적 수용에 대해 자신의 능력발달과 함께 발달한다. 다문화청소년 역시 자아존중감을 높여 주려면 사회적 관심과 수용이 중요하다. 자아존중감은 자신의 삶을 계획하고 실천하여 궁극적으로 자율성을 누리는 성숙한 인간으로서 삶을 영위할 수 있도록 도와주는 데 있다.

2. 다문화적 인성 발달 이론

청소년의 다문화적 인성의 발달 과정을 이해하기 위해서는 타 문화에 대한 인식 및 태도의 발달 과정을 포괄하는 다문화적 감수성이나 문화적 자아존중감 발달 등에 관한 이론들을 고찰할 필요가 있다. 다양한 사람들의 특성과 생활양태를 이해하고 그들의 인성에 대하여 살펴봄으로 자아존중감을 증진시키는 방법을 찾을 수 있다.

인성발달을 이해하므로 다문화 학습의 기본 과정을 도출하는 데

---

8) Bachman, J. G. and O'Mally, P. M. Self-esteem in young men: Change and establity between age 13 and 23. Development Psychology, 1983, p257-268[1)
9) 고향자, 강혜원, 가치성향, 진로결정 수준과 대학생 적응의 관계. 대학생활 연구 2000) pp.69-95참조

유용한 시사점을 기대할 수 있다. 자문화 중심주의에서 출발하여 타 문화에 대한 점진적인 이해를 증진시켜 타 문화에 대한 수용과 존중을 하도록 사회적 노력을 기울려야 한다. 나아가서 궁극적으로는 다문화적인 인성의 발달로 일련의 과정을 보여줌으로써 다문화학습의 과정을 설정하는 데에 유용한 역할을 할 수 있다.

다문화적 인성 발달 이론은 이상적인 모형의 속성을 가지고 있어 다문화 학습 대상인 청소년의 다문화적 인성 발달 수준, 다문화적 학습 동기 및 다문화적 경험 정도, 다문화적 학습 수행 가능성 등 현실적인 조건을 감안해야 한다. 다문화 학습 프로그램의 성격상 다문화적 인성 발달 이론을 직접적으로 적용하기는 어렵다. 따라서 인성전문프로그램을 개설하여 운영해 가는 것이 합리적이다. 현장 적용을 위한 일종의 참고적인 틀로서 다문화 학습의 절차를 구안하는 데 이론적 근거를 제시할 수 있다. 다문화청소년에게 인성의 고양은 사회적응력과 밀접한 관계가 있어 조기에 실시할수록 기대치를 높일 수 있다. 더불어 살아가는 공동체구성원으로서 갖추어야 할 마음의 자세는 인성에서부터 나온다. 청소년기에 이의 발양을 위한 체계적인 교육지원 활동이 필요하다. 교육현장에서 함께하는 사회성훈련도 병행함으로 다문화청소년의 자아존중감을 높여 주는 데 도움을 줄 수 있다.

3. 다문화적 인성 발달 이론 고찰

다문화청소년의 자아존중감을 살펴보기 전에 인성 발달이론을 이해함으로 도움을 받을 수 있다. 타 문화에 대한 수용과 존중, 나아가 궁극적으로는 다문화적인 인성의 발달로 나아가는 일련의 과정을 보여 줌으로써 다문화 학습의 과정을 설정하는 데에 유용한 참고 모델의 역할을 할 수 있다. 다문화적 인성 발달 이론은 이상적인 모형의 속성을 가지고 있으므로 다문화 학습 대상인 청소년의 다문화적 인성 발달 수준, 다문화적 학습 동기 및 다문화적 경험 정도, 다문화적 학습 수행 가능성 등 현실적인 조건을 파악해야 한다.

Bennett & Bennett는 간문화적 상황에 놓인 사람들을 설명하는 분석 틀로 문화적 차이에 대한 감수성이 여섯 가지의 발달 단계를 거치는 이른바 간문화적 감수성 발달 모형을 제시하였다.[10] 세부 단계별 특징을 구체적으로 살펴보면 다음과 같다.

첫째, 부정(denial) 단계에서는 문화 차이를 느끼지 않는다. 각 문화 집단을 외국인이나 이민자와 같이 특성이 없는 타자 집단으로 모호하게 인식한다.

둘째, 방어(defense) 단계에서는 타 문화들 간에는 구분이 가능하나, 타 집단의 문화가 자신의 문화처럼 개별적 독특성을 가진 문화로 보지는 않고 자신의 문화를 우월한 것으로 인식한다.

셋째, 경시(minimization) 단계에서는 문화 차이를 회피하기 위해 다소 복잡한 전략을 구사한다. 때로는 자기문화의 우월성을 주장하기도 한다.

넷째, 수용(acceptance) 단계에서는 모든 가치, 신념, 행동들이 상호 구분되는 맥락적 범주로 조직된다. 수용 단계에서는 타인의 타당한 관점을 강박하지 않는 범위 내에서 자신의 가치관에 따라 권

---

10) 은지용, 전게서 PP.221-224 참조

력을 행사하고자 한다.

다섯째, 적응(adaptation) 단계에서는 자신의 인지적 틀을 바꾸어 타 문화의 맥락에서 사고하고 행동할 수 있는 간문화적 능력을 갖게 된다.

여섯째, 통합(integration) 단계에서는 문화적 정체성이 어느 특정 문화에 정박되지 않는다.

간문화적 감수성 발달 이론은 문화 차이에 대한 경험이 정교화되면서 문화 간 유능성이 점차로 증가하고 있음을 각 단계마다 나타나는 심리적 특징들을 통해 잘 보여 주고 있다.

다문화청소년의 원만한 인성발달은 자아존중감과 직결되어 있어 청소년기의 인성교육의 필요성이 강조되고 있다.

4. 선행 연구 고찰과 시사점

우리나라에서 다문화 교육에 대해 관심을 갖고 수행된 선행 연구들의 동향을 분석해 보면, 크게 세계 시민 교육의 차원에서 다문화교육의 의미나 방향에 대한 연구, 다문화 교육의 내용 및 방법에 대한 연구, 타 문화에 대한 인식 및 태도에 대한 연구, 다문화청소년의 적응프로그램개발 등을 들 수 있다. 첫째, 세계 시민 교육 차원에서 다문화 교육에 대해 논의하는 연구를 살펴본다. 임성택·주동범[11]은 다양성을 인정하고 수용하는 세계 시민 의식의

---

11) 임성택, 주동범, 세계시민교육교육의 방향탐색, 비교교육연구(서울: 비교교육연구회, 2000) pp.33-60 은지용, 전게서PP.221-224 참조

함양에 관심을 갖고 관용을 기르는 데 도움이 되는 도덕적 딜레마 토론법과 타 문화를 이해하고 수용하는 데 도움이 되는 다문화 교육의 의미와 필요성을 강조하였다.

둘째, 다문화 교육 내용 및 방법에 대한 연구에서 박남수[12]는 다문화 교육의 내용으로 다양한 집단의 역사나 경험, 문화를 구조적으로 반영할 필요가 있음을 강조하였다. 설규주는 초국가적 주제를 교육 내용으로, 논쟁 문제 학습을 학습 방법으로 활용할 필요가 있음을 강조하였다. 셋째, 타 문화에 대한 인식 및 태도에 대한 연구에서 이영란은 동독 청소년들을 대상으로 집단 정체성 및 고정관념의 형성 과정을 조사했는데, 연구 결과 동독 청소년들은 독일 사회의 분열이 서독이라는 타 집단 및 문화에 대한 인식적·정서적 거부의 형태로 고정관념이 고착되어 동독 청소년들의 집단 정체성에 중요한 영향을 미치고 있는 것으로 밝혀졌다 한편, 박수미·정기선은 사회적 소수자 집단에 대한 고정관념과 편견적 태도를 조사하였다. 연구 결과 평등이나 사회 정의와 같은 보편적 가치에 대한 강조가 편견적 태도를 낮추는 경향이 있는 것으로 밝혀졌다.[13] 정하성 외 2인은 다문화청소년의 이해를 위한 다양한 특성과 이론을 제시하고 있다.[14]

위에서 살펴본 선행 연구들은 다문화 교육에 대해 관심을 갖고 다문화교육의 의미와 필요성을 제고하고, 다문화 교육의 내용 및 방법에 대한 기본 방향 및 사례를 제시하고, 문화적 편견 형성의 사회

---

12) 박남수 외 1인, 다문화 사회에 있어 시민적 자질 육성(서울: 사회와 교육사, 2000) pp.101-117 참조
13) 은지용, 전게서 PP.225-226 참조
14) 정하성 외 2인, 다문화청소년이해론(서울: 양서원, 2007) pp.15-37 참조

적 요인에 대한 분석을 통한 교육적 시사점을 제시했다는 점에서 의의가 있다고 판단된다. 그러나 선행 연구들은 구체적인 다문화 학습 프로그램을 제안하고 실행해야 하는 교육 현장에 주는 시사점은 다소 부족하다고 볼 수 있다. 따라서 필자는 실제 교육 현장에서 다문화 학습 프로그램을 구성해야 하는 다문화 교육자들에게 다문화 학습 프로그램 실행의 지침 역할을 할 수 있는 다문화 학습 프로그램 모형 및 적용 사례를 제시하고자 한다.[15) 지금 당장 현장에서 활용할 수 있는 매뉴얼 같은 자료를 만드는 작업이 절실하다.

Ⅲ. 다문화청소년의 자아존중감 증진방안

다문화청소년에게 철학교육을 실시하여 인생의 목표를 구현해 가도록 자아존중감을 높여 생활 속에서 자긍심을 실천해 갈 수 있게 도와주는 일이 중요하다. 자아존중감 향상 프로그램을 통하여 잃어버렸던 자아를 재확인시키고 자신의 존중은 남을 배려하는 의식을 확대시켜 줄 수 있다. 사회는 자기 혼자 살아가는 독립된 개체가 아니라 남과 더불어 살아가는 공동체구성원의 역할과 기능을 촉진시킬 수 있음을 인식시켜 준다. 다문화청소년에게 자아존중감을 높여 주어 일상생활의 적응 및 사회생활을 알차고 자신감 있게 살 수 있게 해 준다. 학교생활에 부적응하는 다문화청소년에게 처

---

15) 이재모, 현실요법 집단상담 프로그램이 학교생활부적응 청소년의 내외통제성과 자아존중감 및 성취 동기에 미치는 효과, 청소년학연구, 제13권6호(서울: 한국청소년학회, 2006) PP.135-136 참조

벌 위주가 아니라 자기 만족을 위해 선택한 행동에 대해서 스스로 책임지게 하고 원하는 것을 성취해 가는 과정에서 만족감 및 성공적인 정체감을 발달시킨다는 청소년성장프로그램을 활용하여야 한다.[16] 집단토의 등 상호작용 과정을 통하여 구성원들 간의 긍정적 피드백(feed-back)을 통해서 자신과 타인의 장점을 깊이 인식할 수 있다. 자신의 미래 계획을 말해 보는 시간을 가짐으로써 프로그램을 통해 변화된 긍정적 자아를 표출하도록 도와준다. 봉사활동을 통하여 남을 배려하고 보람 있는 여가생활을 즐길 수 있도록 도와주는 프로그램도 중요하다. 자기존중감 사회 프로그램을 이용하여 얻을 수 있는 기대 효과는 다음과 같다.

첫째, 자아존중감의 중요성을 인식함으로써 미래의 자신의 꿈을 발견하고 그것을 향해 매진할 수 있는 자신감을 키워 준다.

둘째, 남을 배려하는 마음을 가져 이 세상은 더불어 살아가는 공동체임을 인식시킨다.

셋째, 동료애와 인간애를 갖도록 해 주어 주변 사람들과 원만한 관계 및 자신감 있는 사회생활을 해 가도록 유도해 준다.

다문화가정 자녀의 편견을 허무는 내용을 초등학교 교과서에 포함시켜야 한다. 최근 농촌 및 공장 지역을 중심으로 한 외국인이주자 가정의 수가 급증한 상황을 반영한 정책을 수립해야 한다. 우리 사회의 편견 등을 줄일 수 있는 사회교육프로그램을 지역사회 단위별로 실시하여야 한다. 코시안 청소년들이 사회적으로나, 직간접적으로 차별을 받아 좌절감이나 실패감으로 인해 문제를 겪고 있다. 이 또한 자아존중감이 상당히 낮아져 있을 것으로 예상

---

16) 은지용, 전게서 p.127.

된다. 코시안 청소년들이 자신의 외모나 능력 등에 대해서 인지하고 그들이 자신을 얼마나 좋아하고 가치 있는 존재로 여기며, 자신이 잘할 수 있을 것이라고 느끼는 자신감과 자부심을 갖도록 하는 데 다양한 프로그램을 지역사회 차원에서 실시해 가야 한다.

다문화청소년들의 자아존중감을 높이는 프로그램을 지역사회 실정에 맞게 개발해 가는 일이 우선돼야 한다. 집단 프로그램의 다양한 활동을 통해서 자아존중감의 향상이 이루어져서 소속감과 협동심을 향상시키며 긍정적인 자아상을 갖도록 지원해 주어야 한다. 대인관계증진을 통해 자아존중감을 향상시켜 주고 자아존중감 프로그램에 대한 이해를 높이면 참여도가 높여 간다. 단체 활동을 통해 집단구성원의 동질감을 향상시킨다. 자신의 긍정적인 모습을 발견하여 자신감을 갖게 하고 자아존중감을 향상시켜 가는 일이 중요하다. 자신에게 중요하고 대표적인 가치 특성을 명확하게 인식할 수 있도록 숨어 있는 자아와 능력을 찾아 준다.

영상을 통하여 자신의 모습을 바라보면서 자신이 소중한 존재임을 인식시켜야 한다. 현재의 자기 자신과 미래의 자신과의 차이를 탐색하여 자기 자신에 대해여 더욱 깊이 있게 이해하도록 해 준다. 자신을 관찰하고 특징과 잠재력을 찾아봄으로써 새로운 나를 발견할 수 있기 때문이다. 그러므로 자신에 대한 가치와 중요성을 인식하게 된다. 성장욕구와 미래에 대한 모습을 표현하여 긍정적인 자아를 형성하도록 도와준다.

자아존중감은 자신의 일상적인 행동에 영향을 미칠 뿐만 아니라 다른 사람에 대해서 느끼는 방식, 행동하는 방식, 선택하는 방식 등에도 영향을 미친다. 따라서 자아존중감이 높다는 것은 긍정적이고 적극적인 사고방식으로 인간관계, 학업수행 등을 할 수 있다. 자아존중감이 높을수록 자신감을 가지고 건강한 선택을 할 수 있어 문제를 스스로 해결해 갈 수 있다.

청소년기의 자아존중감은 자신의 역할을 얼마나 성공적으로 수행하는가에 대한 자기평가의 결과와 타인들의 동의 여부에 의해 형성해 가도록 지원해 주고 지도해 가야 한다. 일반적으로 또래집단이나 친구들이 미치는 영향력은 부모보다 훨씬 크다. 다문화가정의 부모에 대한 정체성교육을 먼저 시켜서 자존감을 높여 줄 때에 다문화청소년의 자아존중감을 높여 줄 수 있다. 청소년기의 자아존중감은 청년기 적응에 직접적인 영향을 미치므로 가정과 지역사회 및 학교에서 일관성 있게 실시하는 것이 중요하다. 낮은 자아존중감을 가진 청소년들 가운데에는 만성적인 무력감에 시달리다 청년기에 우울증으로 발전하는 경우가 많기 때문에 더욱 교육을 강화시켜 자아존중감을 높여 주어야 한다. 낮은 자아존중감은 약물중독 및 비행 행동과도 밀접한 관련이 있기 때문에 미래의 청소년비행예방을 위해서도 절실하다. 청소년기에 자아존중감을 향상시켜 건전한 청소년기를 보내고 인생을 행복하게 영위해 갈 수 있도록 사회적 정책적 지원을 지속적으로 해 주어야 한다.

Ⅳ. 다문화청소년의 비전

다문화청소년의 낮은 자아존중감을 높여 주어 자신감 넘치는 일상생활을 영위해 갈 수 있도록 여건조성을 위해서 정책적 배려가 절실하다. 혼란하고 불안해하는 다문화청소년에게 심리적인 안정과 불안을 해소해 주는 환경의 변화와 지원이 필요하다. 의식과 사고를 변화시킬 수 있는 체계적인 교육지원과 인권보호 및 복지지원을 해 주어야 한다. 이를 위해서 종합적이고 복합적이며 중장기 정책수립을 서둘러야 한다.

장기적으로는 우리나라에 거주할 다문화 가족이 1천만 명에 육박할 것이라는 보고서가 있다. 분명한 것은 날로 증가하고 갈수록 중요한 일을 담당하고 있는 다문화가족의 복지와 미래의 꿈을 심어 주기 위해서도 다문화청소년에 대한 교육적 배려와 기회보장 및 제공을 확대해 주어야 한다. 다문화청소년의 잠재력과 능력개발을 위한 노력을 기울여야 한다. 이러한 과제를 해결할 수 있는 몇 가지 대안을 제시하고자 한다.

첫째, 세계의 NGO의 연합적 협력과 체계적 활동이 요구된다.

유엔 산하기구, 아세안공동체, 유럽공동체 등 국가차원의 국제적인 기구와 밀접한 관계를 모색하여 상호협력체를 만들어 간다. 국경 없는 의사회 같은 순수민간기구차원에서 다문화청소년을 직간접적으로 지원해 주는 프로그램을 확충해 가야 한다. 특히 자아존중감 프로그램을 중점적으로 운용, 유지해 가야 한다.

둘째, 국가차원의 정책적 변화와 배려가 절실하다.

정부와 지자체에서 다문화청소년에 대하여 경제적, 교육적, 사회적 뒷받침을 제공해야 한다. 현재의 이주정착비로 1~2백만 원씩 지원하고 있으나 실질적으로 도움을 줄 수 있는 금액을 지원해 주어야 한다.

셋째, 사회차원의 공동노력이 필요하다.

사회차원에서 다문화청소년과 함께할 수 있는 시설과 인적, 재정적 자원과 공동프로그램을 개발하여 운영해 가야 한다. 사회구성원 모두가 관심을 갖고 그들을 인정하여 이해하고 함께하는 마음을 가질 수 있도록 공동체운동을 전개해 가야 한다. 방송국과 신문사 등의 매스미어를 통하여 그들의 생활상을 심층 보도하여 사회적 관심을 고조시켜 가도록 한다.

넷째, 지역사회의 노력이 요구된다.

기명성에 의해서 일상생활의 주된 공간인 지역사회에서 또래집단 간에 우정을 쌓고 인정을 느끼면 공동의 관심사를 창조해서 실천해 가도록 지도해 준다. 지역사회에서 다문화청소년을 소외시키거나 소홀히 해서는 안 됨을 특별히 인식하여 그들과 함께하는 프로그램을 운영해 가야 한다.

다섯째, 국민 개개인의 의식전환에 동참하여야 한다.

민족주의나 이웃의 개념에서 벗어나 함께 살아가는 사고를 가져야 한다. 글로벌 시대의 비전을 함께 공유하며 타 문화의 장점을 바라볼 수 있는 시야를 갖도록 노력한다.

여섯째, 다문화기금을 조성 운용하여야 한다.

다문화가정의 경제적 빈곤은 자녀인 청소년에게 성장에 불리한 영향을 미치게 된다. 이를 해결하기 위해서 다문화육성기금을 1천원 규모로 조성하여 지원한다. 국가와 지자체의 예산에서 일부 지원하고 기업체와 시민들의 참여로 만들어 가야 한다. 수출하는 다문화국가에 세금을 부여하는 방안도 연구하여야 한다. 이 자금을 다문화청소년의 자아존중감 향상사업에 투여하여야 한다.

일곱째, 다문화문화센터 건립을 하여야 한다.

다문화종합센터 안에 다문화청소년 자아존중감 증진을 위한 전문기구를 조직하여 운영해 간다. 전문가와 지역사회 주민들이 공동으로 노력해 가도록 한다.

여덟째, 지역사회 단위에 다문화청소년시설과 운영 프로그램보급개발 사업을 추진해 간다.

미래가능성을 구체화시켜 주는 프로그램을 운영하여 다문화청소년들에게 미래의 자화상을 만들어 가도록 해 주어야 한다. 역할놀이(role play)를 통해서 자신이 필요 있고 능력 있으며 쓸모 있는 존재임을 인식시켜 준다. 협동의식 제고를 위한 집단게임프로그램을 운영한다. 자신의 존재감의 중요성과 자신감을 심어 준다. 리더로서 역량을 키워 주는 일도 필요하다. 지역사회 주민공동체 중 중요한 구성원의 일원임을 체험할 수 있는 프로그램을 운영한다. 지역사회에 상설공간을 건립하여 다문화전용시설로 활용하면서 다문화청소년의 자아존중감 증진을 위한 프로그램과 다양한 활동을 전개해 가도록 한다. 다문화청소년에게 의식교육, 인성교육, 정체성교육, 그리고 이미지 메이킹 학습과 훈련을 실시하여 자존감을 증진시켜 줄 수 있는 방안을 찾아야 한다. 실제적으로 자아존중감을 높여 줄 수 있는 내용을 선별하여 운용해 간다.

다문화청소년은 부모와 자신의 고향 문화와 역사 및 환경이 다르므로 혼란하고 상이한 특성을 지니고 있다. 내면의 정서적인 측면과 욕구가 다르고 사회 문화적인 의식과 가치가 다르다. 우리나라 사람들은 60년 가까이 다문화사람들과 생활해 온 경험이 있음에 불구하고 아직도 포용하는 수준이 부족한 실정이다. 아직도 우리나라에 거주하는 다문화청소년들은 국가에 대한 소속감은 낮으며 37.1%가 이민 가기를 원하고 있다. 온전한 사회구성원으로 책임과 의무감이 매우 적은 것으로 볼 수 있다. 56.9%가 자신을 외국인으로 생각하며 9.5%만이 한국인으로 인식하고 있다. 한국에 대한 소속감이 희박한 것이 문제다. 자신의 정체성과 소속감이 부족한 것은 사회문화적 부적응과 교육기능의 부족으로 볼 수 있다.

유대 깊은 우리의 가족관계가 영향을 주고 동양의 가족주의 지향성이 문화에 작용한 것으로 볼 수 있다. 다문화청소년의 부모는 모국에서는 엘리트들이 우리나라에 왔으나 대부분 막노동이나 3D 업종에 종사하고 있다. 다문화가정 청소년들의 공통적인 문제는 학습결손과 학교생활부적응, 언어소통 장애에서 오는 부적응, 행동과 가치관의 차이에서 오는 부적응, 외모 및 혼혈인에 대한 사회적인 정체성부족이 문제점으로 지적되고 있다. 자녀들의 입장에서 볼 때에 본인 선택의 여지없이 한국에서 태어나 차별과 편견 속에 어렵게 정착과 적응의 과제를 떠안으며 살아가고 있다. 뿐만 아니라 이들은 부모의 비전문적 직업으로 소득이 열악해서 경제적 여유와 부의 혜택을 누리지 못하고 상대적 박탈감만 느끼고 있다.

때로는 대중 속에서 외로운 미아처럼 외톨박이로 생활하거나 같은 다문화청소년끼리 모여 서러움과 한(恨)을 삭히기도 한다. 많은 다문화청소년들이 자신의 고향으로 돌아가기를 희망하나 막상 돌아간다는 소망은 고국에서도 이방인의 취급을 받게 된다는 사실을 인식하게 될 때에 절망에 빠질 수밖에 없다. 현재 살고 있는 우리나라에서 정체성을 확립해 주어 떳떳하고 당당하게 생활하여 성공할 수 있는 꿈과 희망을 심어 주는 일이 시급한 과제다. 이를 위해서 첫째, 세계의 NGO의 연합적 협력과 체계적 활동을 전개해 간다. 둘째, 국가차원의 정책적 변화와 배려가 절실하다. 셋째, 사회차원의 공동노력이 필요하다. 넷째, 지역사회의 노력이 요구된다. 다섯째, 국민 개개인의 의식전환에 동참하여야 한다. 여섯째, 다문화기금을 조성 운용하여야 한다. 일곱째, 다문화문화센터 건립을 하여야 한다. 여덟째, 지역사회단위에서 다문화시설과 운영 프로그램보급개발 사업을 추진해 간다.

다문화청소년들의 낮은 자아존중감은 정체성의 혼란과 불안감에서 연유되고 있다. 치열해지는 세계 경쟁 속에서 낙오하고 포기하지 않고 함께할 수 있도록 지원해 주고 이끌어 주어야 한다.

참고문헌

고향자, 강혜원, 가치성향, 진로결정 수준과 대학생 적응의 관계. 대학생활 연구, 2000.

박남수 외 1인, 다문화 사회에 있어 시민적 자질 육성, 서울: 사회와 교육사, 2000.

이정희 외 2인, 세대 간 가족관계와 자아분화 및 자아존중감이 대학생활 적응에 미치는 영향, 청소년학연구, 제14권, 제5호, 서울: 한국청소년학회, 2007.

은지용, 청소년다문화 학습프로그램모형개발연구, 청소년학연구, 서울: 한국청소년학회, 2007.

이재모, 현실요법 집단상담 프로그램이 학교생활부적응 청소년의 내외 통제성과 자아존중감 및 성취동기에 미치는 효과, 청소년학연구, 제13권6호, 서울: 한국청소년학회, 2006

정하성 외 2인, 다문화청소년이해론, 서울: 양서원, 2007.

정하성 외 1인, 청소년프로그램의 실제론 – 사회적응프로그램개발 – 서울: 학문사, 2003.

정하성 외 1인, 다문화가정 청소년의 사회적응실태 및 사회적응프로그램개발 방안, 서울: 한국청소년정책연구원, 2007.

평택대학교, 다문화가족지원기관 및 센터의 활성화 방안, 평택: 평택대학교 특성화사업단, 2007.

평택대학교 다문화가족센터, 다문화가족연구 제2집, 평택: 평택대학교 다문화가족센터, 2008.

평택대학교 다문화가족센터, 다문화교육 프로그램 매뉴얼, 평택: 평택대학교 다문화가족센터, 2008.

Bachman, J. G. and O'Mally, P. M. Self – esteem in young men: Change and establity between age 13 and 23. Development Psychology.

제5장

다문화청소년을 위한 이미지 메이킹 전략

Ⅰ. 다문화청소년의 자아감의 중요성

국제교류의 활성화는 세계화를 촉진시켜 세계는 마치 하나의 다문화국가 같은 착각을 하게 된다. 우리나라에 거주하는 다문화가족이 전체인구의 2%에 해당되는 100만 명을 넘고 있으나 이들은 주변인으로 당당하고 떳떳한 삶을 살아가지 못하고 있다. 일부 농촌지역이나 중소도시에는 외국인 결혼이주자가 20~50%에 이르고 있다. 세계화와 초일류국가주의 건설이 본격화되어 가고 있는 가운데 경제적으로는 지구상의 단일시장형성을 서두르고 있다. 우리나라의 다문화 시대는 6·25전쟁을 전후해서 대규모적인 초기국제결혼과 혼혈 1세대를 중심으로 도래하기 시작했다.

국제결혼의 시작은 한국전쟁 후 미군과 한국인여성과의 결혼에서 찾을 수 있다. 현재 국내 혼혈인은 3만 5천 명 정도로 추산된다. 펄벅 재단에 따르면 국내에 살고 있는 미국계 혼혈인 5천 명, 코시안 3만 명 정도이다.(김범수 외 7인, 다문화사회복지론, 서울: 양서원, 2007, p.21) 성인들보다도 청소년들이 마음의 상처를 받거나 정신적 충격을 받는 일이 많다. 이들의 고통받는 일을 해소시켜 주기 위한 사회적 노력이 절실하다.

다문화가정의 청소년들은 경제적으로 어려운 가정환경, 문화의 차이, 언어의 미숙 때문에 부적응 상태에서 생활하고 있으며 부모, 사회, 국가에 대한 불만이 많다. 외국인 편모나 편부의 경우 언어와 한글이 서툴러서 자녀가 제대로 교육을 받지 못하고 있기 때문이다. 정체성과 소속감이 매우 낮아서 이들에게 다양한 방법을 통해서 자아정체성을 높여 주고 소속감을 높여 주는 노력을 기울여야 한다.

이들이 제일 많이 생활하고 있는 학교와 지역사회에서 따돌림을 당하는 일이 있어 이들에 대한 자긍심을 높여 주고 자존감을 강화시켜 주는 일이 중요하다. 다문화청소년 중 국제결혼가정청소년은 국가에 대한 소속감이 낮다. 자신이 외국인이다가 43.3%로 한국생활이 항상 이방인처럼 느껴질 수밖에 없다. 나는 한국인과 외국인 모두에 해당된다가 33.3%를 나타고 있어 자신의 존재가 한국인도 외국인도 아닌 존재가치의 분별을 못하고 있는 곤란한 상황으로 인식하고 있다. 외국인근로자가정 청소년의 경우 '나는 외국인이다'가 71.4%, '나는 한국인, 외국인 모두이다'가 16.1%로 나타나고 있다.

한국에 거주하거나 귀화한 사람들의 자녀가 아직도 자신이 한국 사람임에 대한 자긍심과 소속감을 느끼지 못하고 있다. 이들에 대한 정체성을 확립시켜 주기 위한 다양한 방법이 필요하다. 여기에서는 다문화청소년에게 이미지 메이킹 학습과 훈련을 통해서 정체성을 확립시켜 건전한 육성에 기여하고자 한다.

이미지 메이킹이란 개인이 추구하는 목표를 이루기 위해서 자기 이미지를 통합적으로 관리하는 행위이자 자기향상을 위한 개인의 노력을 통칭하는 말이다.(이미지 메이킹 센터, 자신감을 키우는 참 좋은 이미지, 이미지 메이킹 센터, 2008, p.4) 어떻게 이미지를 만들어 훈련시켜 주느냐에 대한 이론을 살펴보고 구체적인 실천프로그램을 만들어서 제시하려 한다. 다문화청소년이 자아정체성과 존중감을 찾아 바람직한 성장을 도와줄 수 있는 이미지 메이킹 전략을 연구하는 데 본고의 연구목적이 있다. 연구방법은 문헌조사와 사회적 관찰을 통한 경험적 아이디어를 동원하는 방법으로 전개하여 약술하고자 한다.

Ⅱ. 다문화청소년의 특성

우리나라의 일반 청소년과 다문화청소년은 문화와 역사 및 환경이 다르므로 상이한 특성을 지닌다. 내면의 정서적인 측면과 욕구가 다르고 사회 문화적인 의식과 가치가 다르다. 이러한 특성을 제대로 파악함으로써 그들을 위한 정책, 교육, 지원, 프로그램 등을 마련할 수 있을 것이다.

다문화청소년은 우리 사회의 생활전반에 걸쳐서 대체로 만족하고 있는 것으로 나타나고 있다.

우리나라사람들은 백만 명이 넘는 다문화사람과 60년 가까이 생활해 온 적응의 결과로 볼 수 있다. 일상생활에서 다문화사람들을 접하면서 인식과 이해가 매우 높아졌기 때문이다. 사회편견과 차별, 교육 및 공부하기, 친구 사귀기, 행동과 가치의 차이, 인권 침해 등은 학교와 사회생활에 적응하는 데 큰 문제가 되지 않는다. 한국에 대한 소속감이 희박한 것이 문제다. 자신의 정체성과 소속감이 부족한 것은 사회문화적 부적응과 교육기능의 부족으로 볼 수 있다.

다문화가정 청소년들의 공통적인 문제는 학습결손과 학교생활부적응, 언어소통 장애에서 오는 부적응, 행동과 가치관의 차이에서 오는 부적응, 외모 및 혼혈인에 대한 사회적인 정체성부족이 문제점으로 지적되고 있다.

다문화가족은 사랑으로 맺어진 결혼이라기보다 국경을 초월하여 서로의 목적과 필요에 의해서 비자발적으로 선택한 결혼으로 볼 수 있다. 그러나 자녀들의 입장에서 볼 때에 본인의 선택의 여지 없이 한국에서 태어나 차별과 편견 속에 어렵게 정착과 적응의 과제를 떠안으며 살아가고 있다. 이들은 부모의 비전문적 직업으로 소득이 열악해서 경제적 여유와 부의 혜택을 누리지 못하고 상대적 박탈감만 느끼고 있다.

때로는 대중 속에서 외로운 미아처럼 외톨박이로 생활하거나 같은 다문화청소년끼리 모여 서러움과 한(恨)을 삭히기도 한다. 많은 다문화청소년들이 자신의 고향으로 돌아가기를 희망하나 막상 돌아간다는 소망은 고국에서도 이방인의 취급을 받게 된다는 사실을 인식하게 될 때에 절망에 빠질 수밖에 없다. 현재 살고 있는 우리나라에서 적응하고 성공할 수 있는 꿈과 희망을 심어 주는 일이 시급한 과제다. 날로 치열해지는 경쟁 속에서 낙오하고 포기하려는 의지가 약한 특성을 지니고 있다.

Ⅲ. 청소년기의 적응이론

다문화청소년의 적응이론을 살피기 전에 이들에 대한 특성을 파악하는 일이 중요하다. 이들도 우리나라 청소년과 같이 일반적인 특성을 지니고 있다. 청소년기의 적응이론은 많이 있으나 여기에서는 청소년기의 특성, 사회생태이론, 현실치료이론, 체제이론에 대하여 살펴보기로 한다.

1. 청소년기의 특성

청소년기는 각 개인마다 성장과 발달의 차이가 있기 때문에 동년배 간의 차이를 나타낸다. 더구나 성장환경이 다르며 갈등과 부조화를 경험한 다문화청소년은 다른 특성을 나타나게 된다. 신체, 생리적 특성으로는 신장과 체중 흉위가 급격하게 늘어나며 성적인 성숙과 성의식의 변화현상이 나타난다. 이 시기에 청소년들은 자신의 신체적, 성적변화에 대해 적용할지를 몰라 당황하고 수치감과 불안감을 느끼게 된다. 신체 각 부분의 불균형적인 발달로 인해서 정서적으로 불안한 상태에 놓이기도 한다.

실제로 청소년기에는 신체구조, 외양, 목소리가 바뀌는 제2성징을 거치게 된다. 사회심리적 특성으로는 다양하고 많은 변화가 나타나며 청소년들은 이러한 변화에 적응하기 위해 노력한다. 신체적으로는 성장의 최고조에 이르게 되어 성기관의 발달로 이성 관계에 대한 깊은 관심을 갖게 되며 자신감의 상실과 심각한 정서 불안을 겪을 수 있다.

청소년기의 정서는 모든 행동의 기초로서 행동의 표출방법과 방향을 규정짓고 정신생활을 지배한다. 청소년 전기에는 민감하고 성적 색채가 강한 정서변화로 극심한 감정변화와 외계의 자극, 대상에 대한 과잉반응을 나타나며 신경질을 부리고 불안과 공포에 휩싸이기도 한다.

정신적 특성으로 지적인 문제능력이 발달하고 통찰력, 판단력, 사고력으로서의 추상력과 논리성이 상당 수준 발달한다. 고차원적이고 지적인 세계를 희구하고 풍부한 미래상을 그리며 양적, 질적인 발달을 동시에 추구해 간다.(권이종, 청소년학개론, 서울: 교육과학사, 1997, pp.73-76) 청소년기의 특성을 신체, 정신, 정서, 문화, 사회, 지역적으로 분류하여 설명할 수 있다.

사춘기 시작연령과 성장속도 기간은 선진국, 후진국, 도시와 농촌, 부모의 직업과 교육수준, 영양섭취, 생활양식, 성장환경 등에 따라 다르게 나타난다. 신체적인 성장이 최고조에 이르며 성기관의 발달로 이성 관계에 대한 깊은 관심을 갖게 되는 시기이다. 청소년기의 정신적인 특징으로는 자아정체성이 확립되며 정체성을 추구하기 위해 사색을 하거나 주위 사람의 말에 귀 기울이기도 하고 대중매체를 통해 자신이 생각하는 바람직한 인간상을 설계하기도 한다.(정하성 외, 신 청소년문화론, 서울: 21세기사, 2006, p.33 참조)

Hall의 재현이론(recapitulation theory)에서는 청소년 전기(youth)를 8~14세로 보고 있으며 이 시기에는 인류가 인간으로서 야만적인 특성을 동시에 가지고 있었던 시기로 아동시대의 삶을 재현하는 시기로 보고 있다. 이 시기에 연습과 훈련을 통해서 읽고, 쓰고, 말하는 기술을 획득한다. 청소년 후기(adolescent)를 14~25세로 보고 있으며 인류가 야만적인 생활에서 문명시대로 접어드는 시기로 제2의 탄생기라고하며 급진적이고 변화가 많으며 안정적이지 못하다.(한국청소년학회, 청소년학 총론, 서울: 한국청소년학회, 1999, p.63) 다양한 청소년기의 특성은 개인 차이가 심하며 환경과 여건에 따라서 다르게 나타난다. 지역의 환경영향을 받아 지역 간 차이를 보이고 있다.

2. 사회생태이론

개인과 사회 환경의 상호작용에 의해서 많은 영향을 받는다는 주장이 사회생태학 이론의(social ecology theory) 요지이다. 청소년기에 가정의 환경과 가족관계는 성장에 많은 영향을 미친다. 가족 외적인 환경은 아주 어린 시절부터 개인에게 직접적인 영향을 준다.(Svedhem. L.(1994) Social network and behaviour problems 11~13-years-old schoolchildren: A theoretical and empirical bases for network therapy. Acta Pshchitrrriea Scandibavica, 381, 484.) 브론펜부르너(Bronfenbrenner, 1979)이 개발한 인간생태학이론은 인간의 발달이 성숙요인에 의해서만 아니라 개인적인 요인과 환경과의 상호작용에 의해서 이루어진다고 설명하고 있다.

미시체계, 혼합체계, 외부체계, 거시체계의 네 가지 체제들과 활발한 상호작용을 통해서 이루어진다고 주장한다. 미시체계란 가족이나 학교같이 아동과 청소년에게 가장 가까운 환경을 말하며 여기에는 사회적 네트워크에 들어 있는 친구 및 다른 집단도 포함한다.

혼합체제는 두 개의 미시체계를 포함하며 관련된 미시체계들 간에 이루어지는 의사소통양식이 중요하다. 혼합체제는 가족과 주변

사람들과의 상호작용이 아동에게 긍정적인 경험을 하기 위해서는 아동을 둘러싼 사회적 망과 구성원들 사이에 일정한 접촉이 있어야 하며 이들 사이에 어느 정도 합의가 존재하여야 한다. 아동들의 부모와 접촉하는 가족 외부사람들 사이에 연계가 존재한다. 혼합체제에는 엑소 시스템과 마크로 시스템이 있다. 외부체제와 거시체제는 아동과 청소년발달에 간접적으로 중요한 역할을 한다. 이 체제들은 직접적인 사회 망 외부에 존재하며 아동청소년과 직접적인 접촉을 하지 않는다.

3. 현실치료이론

현실 문제를 정확하고 올바르게 인식하여 효율적으로 대처하여 치료해 가는 방법이다. 그러나 우리 현실은 현실 문제를 해결하는데 효율적이지 못한 행동을 해서 실패를 하고 있다. 현실 상황에 대해 공포를 느끼며 분열의 조짐까지 보이므로 문제해결을 더 어렵게 만든다.

병리학자 글래저(Glasser)는 프로이트(Freud)의 방법론에 환멸을 느끼고 현실치료를 개발하고 발전시켰다. 글래저는 학생은 합리적인 존재로서 원하면 자신의 행동을 통제할 수 있다고 믿고 있다. 글래저가 분류한 실행의 현실, 사회현실, 도덕의 현실이 유린되고 생존의 조건이 열악해지고 있다.

현실치료는 극단으로 책임을 잃고 무력에 빠진 사람들이 실패의 정체를 털어 버리고 성공의 정체를 재건시키는 데 기여하게 된다.

글래저는 행동유형을 결정하는 것은 기본욕구의 충족이나 실패에서 좌우된다고 주장하고 있다. 혼돈의 세계에서 자신과 타인에 대해 책임을 느끼는 여타가 바꾸게 하고 만족시킬 수 있는 기준에 도달하게 만든다.

자신의 행동에 대해 가치를 판단하고 현실을 정당하게 대응하며 책임을 통감한다. 현실치료의 기본생각은 정신건강 책임의 정도로 분류하고 현재와 미래가 과거보다 중요하다. 무의식보다는 갈등에 중점을 두고 있다. 갈등은 심리사회적 현상과 관계로 가치와 도덕원리를 일상생활에서 중요하게 생각한다.

분명한 계획을 수립하고 철저하게 실현하는 인간으로서 성장해 간다는 주장이다. 현실에 바탕을 둔 문제해결 방법을 중시한다고 볼 수 있다.(정하성 외, 청소년프로그램의 실제, 서울: 학문사, 2003, pp.59-65 참조)

4. 체제이론

상호작용을 하는 부분을 가진 조직체에 의해서 나타나는 사회적 관계와 현상을 설명하는 이론이다. 이 이론은 심리학 분야에서는 일반체제이론으로 주로 가족치료에 적용되고 있다.(정하성 외, 청소년프로그램의 실제, p.52) 일반체제이론은 1940년대 생물학자 Von Bertallanfy가 자연과학을 위해서 개발한 이론으로 현상들을 제각기 고립시켜서 좁은 틀 속에서 연구하는 태도를 지양하고 점점 더 넓은 영역을 연구할 것을 강조하고 있다.

이론자체가 추상적이기 때문에 과학의 여러 분야에 적용될 수 있다. 체제이론의 개념을 파악해 본다. 이는 체제란 상호의존작용관계에서 질서와 동일성을 유지하면서 환경과 끊임없이 영향을 주고받는 모든 구성요소 또는 제변수의 집합체 내지 실체를 의미한다.

입력과 출력구성 요소들이 상호 연관되어 있으며 공동달성목표와 목표달성파악의 작업수정과 송환과정을 설명하고 있다. 전체는 부분집합 이상의 의미를 가지며 체계를 이루는 부분들 또는 전체 간에 상호 간 영향을 주고받는다. 어떤 체계 안에서 전개되는 과정들은 변증법적이며 순환적 인과관계를 유지하고 있다. 하위체계 자체는 하나의 독립된 체계를 이루고 있으나 전체체제와의 관계를 유지하는 기능을 하게 된다.

일반체계이론으로부터 영향을 받은 가족치료이론은 아동과 청소년의 기질적 구조와 특성(개인적요인)과 가족체제의 상호작용이 이들의 발달과 건강에 미치는 영향을 연구하는 데 유용한 관점을 제공한다. 청소년의 적응을 이해하는 데 체제이론의 이해가 우선되어야 할 것이다.

Ⅳ. 청소년이미지 메이킹의 접근

이미지는 어떤 사람이나 사물로부터 받는 느낌, 심상, 영상, 인상으로 순화되는 것을 의미한다. 인간은 자신의 이미지가 타인에게 긍정적이고 매력적이며 호감을 주는 사람으로 각인되기를 바란다.

사람마다 좋은 이미지를 주기 위해서 공손한 말씨를 사용하거나 친절한 태도를 보인다. 정결한 옷차림과 밝은 화장은 첫 이미지 형성에 긍정적인 역할을 하게 된다. 처음 만남에는 무엇보다 관심을 갖게 하고 깊은 인상을 심어 주는 일이 중요하다.

특히 사회관계에서 처음 만나는 사람의 이미지가 오래 각인되므로 첫 이미지를 어떻게 심어 주느냐가 매우 중요하다. 외모와 음성을 비롯해서 의복과 언어 및 행동의 하나하나는 첫 이미지를 각인시켜 주는 데 중요한 영향을 미치는 요소가 된다. 단정한 모습에 품위 있는 언행은 사람의 품격을 평가하는 기준이 되기도 한다.

자신의 외모와 몸에 대해서 관심이 많은 청소년기에 자신감을 주고 활력을 불어 넣어 주는 일이 필요하다. 자신의 이미지에 대한 긍정적인 생각과 확신은 대인관계를 원만하고 적극적으로 할 수 있다. 사회적 위축감을 느끼며 열등의식을 갖고 있는 다문화청소년들에게 자신의 이미지를 개선시켜서 자신감을 갖게 하는 일이 당면한 과제이다.

학교나 지역사회에서 학습활동과 사회생활을 원만하게 할 수 있는 심리적 기저형성에 이미지가 미치는 역할이 크다고 볼 수 있다. 원만한 인격을 도야하고 미래를 향해 진취적으로 전진하기 위해서는 자신 넘치는 이미지를 심어 주어야 한다. 다문화청소년의 경우 우리와 외모나 피부색깔이 달라 쉽게 남의 눈에 뛰게 되어 잘못하면 소외감과 열등의식을 갖게 된다. 자신감을 갖게 하는 일과 정체성을 확립해 주는 일에 사회적 합의를 찾고 노력을 기울여야 한다.

타인과의 다름이나 차별이 개성적이고 매력적인 요인으로 개발시켜 가기 위해서는 이미지를 개선시켜 주는 노력이 절실하다. 다양성 시대의 개성과 특성을 잘 살려서 당당하고 멋진 일상생활을 영위해 가도록 지원해 주어야 한다. 다문화청소년에게는 견디기 어려운 수모를 겪지 않도록 다양한 지원과 정책 및 프로그램실시가 필요하다. 학교와 지역사회에서 다문화 이해하기와 체험프로그램을 실시하는 것도 좋은 방법이다.

무엇보다 이들이 자신감을 갖고 적극적으로 살아가는 방법을 교육시키고 훈련시키는 사업을 추진해야 한다. 인성, 정신, 신체적인 종합교육과 프로그램을 추진해 가야 한다. 인간 중심의 전인교육실시가 필요하다. 우리 사회에서 나타나고 있는 외모지상주의는 청소년에게 악영향을 미처 성형수술을 자극시키는 등 부작용이 잇달고 있는 현실을 고려해 볼 때에 이들을 특별히 지도해 가야 한다.

진정한 아름다움은 외모가 아니라 내면의 마음씨와 언행의 부드러움에 있음을 인식시켜 가는 노력을 주민차원에서 실시하여야 한다. 심미주의의 관점을 이들 지도에 활용하는 방안모색이 절실하다. 아름다움과 외모의 관계를 재인식할 수 있는 교육과 체험 프로그램을 병행하여 실시하여야 한다.

얼마 전 태안 기름유출사고 현장에서 노숙자가 자원봉사활동을 벌여서 수상하는 내용이 보도되었다. 잔잔한 감동을 준 이 사건이 암시하듯이 다문화청소년들이 할 수 있는 크고 작은 일이 주변에 많다는 사실이다. 다문화청소년들의 지역사회에서 자원봉사활동프로그램은 이미지를 바뀌는 데 매우 효과적이었다. 이와 같이 다문화청소년의 긍정적인 이미지변화는 지역사회에서의 자원봉사활동, 놀이문화, 사회관계를 통해서 바꿔 갈 수 있다.

개성과 능력의 성장을 위한 공인성과 자랑스러움을 장려하기 위한 경진대회를 수시로 개최할 필요가 있다. 퓨전문화를 창조하여 함께 즐기고 참여하는 놀이문화개발도 서둘러야 할 문제이다. 이색 적인 다른 나라와 문화의 융합은 다문화청소년을 이해하는 데 도움을 줄 수 있을 것이다.

지역마다, 계층마다, 연령마다 상이하게 나타나는 청소년의 이미지를 바람직하고 미래지향적으로 개발하기 위해서는 사회의 특성과 문화와 조화를 이룰 수 있어야 한다. 이미지는 살아온 환경과 배경에 따라서 달라지므로 건전하고 진취적으로 살아가는 자세를 청소년기에 확립시켜 주어야 한다. 자신의 노력과 상황에 따라서 달라지는 이미지를 긍정적으로 변화시켜 가는 일은 꾸준한 노력이 수반되어야 가능하다.

V. 다문화청소년 이미지 메이킹의 학습과 훈련

다문화청소년이 일반적으로 느끼고 있는 열등감과 소외감을 극복시키고 불확실한 미래에 대하여 자신감을 갖고 긍정적이고 적극적으로 생활할 수 있도록 이미지 메이킹에 대하여 학습시키고 훈련시키는 일을 추진해야 한다. 여기에서는 이미지 메이킹 프로그램의 학습목표, 이미지 메이킹 프로그램의 내용, 이미지 메이킹 프로그램전개, 이미지 향상을 위한 실천단계, 이미지 메이킹 프로그램의 기대효과 등에 대하여 살펴보고자 한다.

1. 이미지 메이킹 프로그램의 학습목표

이미지 메이킹 프로그램을 통해서 다문화청소년들에게 주류인으로 당당하게 살아갈 수 있는 자신감과 미래에 대한 꿈과 비전을 갖고 살아갈 수 있도록 해 주는 일이 중요하다. 자신감을 길러 주기 위해서는 자아정체성을 확립해 주는 일이 우선되어야 한다.

모든 일을 할 수 있다는 확신과 의지를 갖고 건강한 일상생활을 영위해 갈 수 있도록 훈련시킨다. 자신만이 갖고 있는 멋진 이미지를 내면과 외모에서 찾아내도록 도와주어야 한다. 절대적 가치가 아닌 상대적 관계의 중요성을 인식하게 하여 비교보다는 개성과 특성의 자신을 발견하고 이해하도록 해 준다.

다문화청소년이 할 수 있는 구체적인 이미지를 향상시켜 주는 방법을 습득시켜 주어야 한다. 다문화청소년이 갖고 있는 외모, 언어, 모국의 문화를 조화롭게 적응시켜서 새로운 이미지를 향상시킬 수 있다. 자신의 부정적인 이미지를 극복하고 긍정적인 이미지로 개발하여 학교와 가정에서 안정된 생활을 할 수 있도록 도와주어야 한다.

부정적인 자아상을 긍정적 자아상으로, 부적절한 대인관계를 원만한 대인관계로, 친구관계 갈등, 일탈, 소외, 낮은 학업성취, 불안정, 자신감결여를 원만한 친구관계, 높은 학업성취, 안정감, 자신감으로 변화시켜 주어야 한다. 그래서 밝은 미래상, 자기존중감, 자아실현을 이루어 갈 수 있도록 학습과 훈련목표를 삼아야 한다.

2. 이미지 메이킹 프로그램의 내용

다문화청소년이 갖기 쉬운 자신감 상실, 부정적 자아상을 극복하고 심리적, 정신적, 사회적, 신체적으로 건강하고 자신감 넘치는 생활영위를 위한 현실 프로그램의 내용과 방법이 요구된다. 이미지 메이킹 내용을 몇 가지로 설명할 수 있다.

첫째, 자신을 열등감으로부터 극복시켜 가는 일이다. 나는 모든 일을 할 수 있다는 확신을 갖게 해 준다. 극기 훈련, 명상, 여행을 하면서 자신감을 키워 주는 노력을 기울여야 한다.

둘째, 아름다운 생각과 긍정적인 사고를 키워 준다. 부정적인 마음속의 자아와 가치를 버리고 사물과 인간의 심미적인 접근을 통해서 새롭고 아름다운 세계로 세상을 넓혀 가도록 해 준다.

셋째, 생기 넘치는 밝은 얼굴표정으로 만들어 간다. 얼굴은 마음의 거울로 활력과 힘이 넘치고 온화하고 밝은 표정을 짓도록 아침마다 거울보고 표정 관리하기를 실시한다. 웃음을 잃지 않고 항상 미소 지으며 명랑하게 생활해 가는 것이 중요하다.

넷째, 부드럽고 친근한 말씨를 사용한다. 프로그램에 언어사용 교육과 훈련을 삽입시킨다. 단어의 선택, 어감, 음색, 고저를 익힐 수 있는 내용이 들어가야 한다.

다섯째, 나만의 멋진 자신감을 만들어 간다. 마음을 조정하여 다스리는 방법을 찾아 의욕에 찬 적극적인 생활을 해 가도록 하여야 한다. 명상이나 사색을 통해서 자아정체성을 확립하는 노력도 중요하다.

3. 이미지 메이킹 프로그램의 전개

다문화청소년의 욕구를 파악한 후 프로그램 내용을 찾아 전개해야 한다. 이들이 바라는 당면한 욕구를 바탕으로 다양한 프로그램을 추진해 가는 일이 중요하다. 프로그램 내용을 결정하기 위한 전략을 수립할 때에 몇 가지 사항을 고려하여야 한다.

첫째, 청소년프로그램 교육과정은 학교교육과정의 기초 아래 수립되어야 한다. 정규과목처럼 체계적으로 이론과 실습을 겸해서 실시하는 것이 효과적이다. 학습과 실습시간에 소그룹을 만들어 집단적으로 또는 개인적으로 전개해야 한다.

둘째, 문화적이고 국가적인 주체성확립에 이바지하여야 한다. 프로그램을 통해서 문화적으로는 자신의 가치관과 의식이 올바르게 정립되는지 확인해야 한다. 국가에 대한 책임과 의무를 인식하고 국민의 책무를 다해 가도록 한다.

셋째, 융통성 있게 전통적인 지식과 새로운 지식을 결합할 수 있어야 한다. 청소년프로그램 내용은 특정한 직업적, 국가적, 사회적 비전과 상황에 부합해야 한다. 사회전체에 미치는 영향과 변화를 고려한 내용이어야 한다. 다문화청소년들의 자원봉사활동을 활성화시켜서 사회통합과 부적응을 극복시키는 수단으로 활용해 갈 수 있다.

프로그램을 실제로 전개할 때에 심신수련활동, 정신, 정서 함양, 학습활동 등에 적극성, 긍정적인 사고, 사회지지체계, 종교 등의 내용을 가미시켜 실시한다. 매사에 위축되고 소외되는 것 같은 심리적인 위축감을 빠르게 해소시켜 주는 노력을 적극적으로 프로그램에 삽입시켜야 한다. 일반시민 교육과정에 다문화청소년을 위한 지지체계 프로그램을 넣어서 이들을 이해하고 사랑하도록 한다.

4. 이미지향상을 위한 실천단계

다문화청소년들이 스스로 호감을 느낄 수 있으며 자신감 넘치는 이미지를 만들어 가도록 단계별로 프로그램을 진행해 간다.

제1단계로는 자신이 참자아를 확인하고 왜곡된 자아 인식을 개선해 간다. 참자아와 왜곡된 자아에 대한 인식 차이를 축소시키고 제거하기 위해서 노력하여야 한다. 인간의 본질적 가치를 찾아 존중하려는 마음을 갖게 해 준다.

제2단계는 자신이 생각하는 주관적인 자아와 타인이 판단하는 객관적인 자아의 차이를 좁혀 간다. 자신이 보는 나와 타인이 보는 나의 차이를 줄이기 위해서 노력하여야 한다.

제3단계는 자신이 실현 가능한 꿈과 목표를 세우고 구체적으로 실천한다. 자신이 실현 가능한 이상적인 목표를 위한 도전을 감행하여야 한다.(이미지 메이킹 센터, 자신감을 키우는 참 좋은 이미지, 이미지 메이킹 센터, 2008, p.3)

다문화청소년센터를 설립하여 언어, 한글은 물론이고 이미지 메이킹 훈련을 실시할 필요가 있다. 자신의 내면에 잠재된 열등감을 온전하게 해방시키기 위한 노력을 기울여야 한다. 자신만만한 멋진 이미지를 갖기 위해서 열등의식 요소를 찾아서 하나하나 해결해 가도록 노력한다. 열등의식을 자신의 개성이고 장점으로 살려서 충분하게 발현할 수 있도록 기회를 제공해 주고 촉진시켜야 한다.

열등감은 객관성이 없다는 특성과 다른 사람에겐 전혀 관심과 의미가 없다는 사실이다. 열등감을 극복하기 위해서는 열등감을 느끼는 내용에 대하여 집착하지 말고 무시하여야 한다. 열등감의 진정한 이유를 찾아서 근원부터 생각하여 해소방법을 모색해 간다. 열등감을 이유로 자기계발을 게을리하게 되는데 이를 역으로 생각해서 적극적으로 활용할 필요가 있다. 좋은 생각과 마음을 갖는 것이 중요하다.

인간의 내적인 본질요소와 이미지는 외적인 요소와 이미지로 나타나고 이것이 사회적 관계인 이미지로 나타나게 된다. 본질이 없이는 어떤 현상도 나타날 수 없기 때문이다. 진정한 외모의 표현은 내면적인 가치에 기인하고 있음을 인식하여야 한다.

윌리엄 제임스의 말처럼 인간의 생각이 바뀌면 행동이, 행동이 바뀌면 습관이, 습관이 바뀌면 인격이 바뀌고, 인격이 바뀌면 운명이 바뀌게 된다. 항상 자신감을 갖고 올바르고 진취적인 생각을 하여야 한다. 인간은 자신의 생각과 마음을 말과 글로 표현하나 직접적으로 기명적인 사회관계에서는 얼굴로 표현한다. 항상 환하게 웃으며 자신 차고 명랑하며 긍정적인 얼굴은 호감을 사게 되고 지지를 받게 된다. 얼굴표정은 마음의 산물이므로 생기 있고 밝은 표정을 만들어야 한다.

마음에 따라서 표정이 만들어지기 때문에 밝은 마음을 갖는 일이 중요하다. 웃는 표정을 지으면서 거친 말투가 나올 수 없듯이 항상 맑고 밝은 표정을 지어야 한다. 표정은 눈과 입으로 나타나므로 눈은 아기처럼 정답게 웃으며 입 꼬리가 위로 올라가게 노력하여야 한다. 눈이 멋지게 웃는 웃음은 누구나 다정하고 부드러움을 느끼게 한다. 눈빛이 강한 웃음, 입 꼬리가 살짝 치켜 올라가는 웃음, 입 꼬리가 축 쳐지는 웃음은 오해를 살 수 있기 때문에 삼가야 한다. 말은 부드럽고 친근한 말씨를 사용하여야 한다. 환하게 웃음 지으며 맑은 목소리로 말을 부드럽게 하면 자신은 물론 모두를 밝고 행복하게 해 줄 수 있다.

음성의 높이, 음색, 속도, 크기 등은 상황에 따라서 적합하게 활용하게 하여야 한다. 밝고 명랑한 목소리가 좋은 인상을 주며 긍정적인 표현으로 예쁜 말을 사용하게 하여야 한다. 남을 비난하는 말을 삼가야 한다. 긍정적인 표정, 시선, 몸짓을 하여야 한다. 열등감을 버리고 좋은 생각과 마음에서 우러나오는 밝은 표정과 친근한 말과 태도는 최고의 멋진 이미지를 만들어 준다. 매사에 만족감과 자신감을 갖고 친구와 좋은 관계, 선생님으로부터의 인정, 가족과의 행복한 생활이 가능하다. 이러한 이미지는 미래의 꿈과 목표를 위해 집중할 수 있는 힘이 될 것이다.

5. 이미지 메이킹 프로그램의 기대효과

다문화청소년들의 자신의 존재적 가치와 자아정체성을 확립시켜 주므로 매사에 적극적이며 자신감을 갖고 열심히 생활해 갈 수 있다. 무한한 희망의 지대를 개척하며 가능성을 향해 최선을 다하는 삶이 절실하다. 이를 위해 다문화청소년들 자신의 내면적인 욕구와 소질을 찾아내서 육성시켜 주는 노력의 일환으로 새로운 자신의 이미지를 만들어 가는 일을 서둘러야 할 때다. 삶의 질적 향상을 위해서도 이미지 메이킹 훈련이 필요하며 이를 통한 내면세계의 풍요와 대인관계의 적극성을 개발시켜 줄 수 있다.

자아정체성의 부족과 주위의 사회적 환경으로 잘못 비춰진 이미지로 인해서 친구, 부모, 선생님 등과의 갈등이 유발되고 있다. 이를 감소시키고 조절할 수 있는 한 방법으로 개성 넘치는 자신감을 가진 이미지로 바꿔 줘야 한다. 이 방법으로 미래의 꿈과 목표를 달성하기 위해 필요한 자기관리 및 개발 방법을 익힐 수 있다.

뿐만 아니라 원만한 대인관계형성과 자신감 넘치는 청소년시절을 보낼 수 있어 장래의 가능한 희망의 꿈을 키워 가게 해 준다. 다문화청소년들이 자신의 개성과 능력의 성장을 위해서 공인성과 자랑스러움을 키워 주므로 당당한 사회구성원의 기능과 역할을 기대할 수 있다. 주변인으로 머물고 있는 다문화청소년을 주류인으로 편입시킬 수 있는 기회를 제공하고 자신의 의지력을 신장시켜 주는 효과를 기대할 수 있다.

Ⅵ. 다문화청소년의 이미지 메이킹 향상

100만 명이 넘는 다문화가족은 이제 우리 사회의 중요한 사회구성원으로 다양한 역할을 하고 있다. 그러나 이들의 권익은 제대로 보호받지 못하고 있는 실정이다. 일부 다문화청소년들은 이방인처럼 무시와 놀림을 받으면서 외롭게 생활하고 있다.

미래에 대한 비전과 꿈을 갖지 못하고 성장해 갈수록 현실의 높은 벽을 느끼며 장애물에 대한 극복 의지보다는 좌절감을 느끼게 된다. 다문화청소년들에게 좌절감을 회복하고 새로운 희망과 자신감을 심어 줄 수 있는 다양한 방법을 모색하는 일이 중요하다. 본 논문에서는 이미지 메이킹을 통한 방법을 찾아보았다.

이들의 미래의 소망은 돈을 많이 벌어서 가족과 잘살고 싶은 것이 전부이다. 그러기 위해서 전문 직종에서 일하기를 원하나 현실적으로 거의 불가능하므로 희망을 잃고 좌절에 쉽게 빠지게 된다. 이들에게 가능성의 희망을 심어 주는 일이 시급하다.

다문화청소년들이 자신의 잠재력개발을 위해서 자발적인 노력과 정책적인 지원을 조화 있게 활용하는 지혜를 가져야 한다. 주변인으로 머물고 있는 다문화청소년을 주류인으로 편입시키기 위한 제도적이고 정책적 지원과 개선이 절실하다.

제1단계는 자신의 참자아를 확인하고 왜곡된 자아 인식을 개선해 간다. 참자아와 왜곡된 자아에 대한 인식 차이를 축소시키고 원인을 찾아 제거하기 위해서 노력하여야 한다.

제2단계는 자신이 생각하는 주관적인 자아와 타인이 판단하는 객관적인 자아의 차이를 좁혀 간다. 자신이 보는 나와 타인이 보는 나의 차이를 줄이기 위한 노력을 통하여 현실의 거리를 좁혀 가야 한다. 마치 이상과 현실의 괴리를 조정해 가듯 인식변화를 위해 사회적 노력을 기울여야 한다.

제3단계는 자신이 실현 가능한 꿈과 목표를 세우고 구체적으로 실천한다. 자신이 실현 가능한 이상적인 목표를 위한 도전을 감행하여야 한다. 용기와 추진력을 갖도록 교육과 훈련을 시켜 주는 노력이 필요하다. 다문화청소년센터를 설립하여 언어, 한글은 물론이고 이미지 메이킹 훈련을 실시할 필요가 있다. 자신의 내면에 잠재되어 있는 열등감을 온전하게 해방시키기 위한 노력을 기울여야 한다. 자신만만한 멋진 이미지를 갖기 위해서 열등의식 요소를 찾아서 하나하나 해결하도록 노력한다.

열등의식이 자신의 개성이고 장점으로 살려서 충분하게 발현되도록 하여야 한다. 열등감을 극복하고 아름다운 생각과 긍정적인 사고를 키워 주어야 한다. 자신을 열등감으로부터 극복시키는 정신 훈련이 요구된다. 아름다운 생각과 긍정적인 사고를 키워 준나.

생기 넘치고 밝은 얼굴표정을 만들어 가며 부드럽고 친근한 말씨를 사용하도록 노력한다. 내면에 잠재해 있는 열등감을 해소하기 위한 노력을 지속적으로 전개하는 일도 중요하다. 좋은 생각과 아름다운 마음을 가질 때에 표정이 긍정적이고 밝게 나타난다. 인간의 내적인 본질요소와 이미지는 외적인 요소와 이미지로 나타나고 이것이 사회적 관계인 이미지로 나타나게 된다.

본질 없이는 어떤 현상도 나타날 수 없기 때문이다. 얼굴표정은 마음의 산물이므로 생기 있고 밝은 표정을 만들어야 한다. 마음에 따라서 표정이 만들어지기 마련이다. 환하게 웃음 지으며 맑은 목소리로 말을 부드럽게 하면 자신은 물론이며 모두를 밝고 행복하게 할 수 있다. 매사에 만족감과 자신감을 갖고 친구와 좋은 관계, 선생님들의 인정, 가족과의 행복한 생활이 가능하다. 미래의 꿈과 목표를 위해 집중할 수 있는 힘이 된다.

자신의 내면에 잠재되어 있는 열등감을 온전하게 해방시키기 위한 노력을 기울여야 한다. 자신만만한 멋진 이미지를 갖기 위해서 열등의식 요소를 찾아서 하나하나 해결하도록 노력한다. 열등의식을 자신의 개성이고 장점으로 살려서 충분하게 발현되도록 변화시켜 주는 노력을 기울여야 한다.

다문화청소년들이 자신의 개성과 능력의 성장을 위해서 공인성과 자랑스러움을 키워 주기 위한 경연대회를 수시로 개최한다. 주변인으로 머물고 있는 이미지 메이킹 프로그램을 통해서 다문화청소년을 주류인으로 편입시킬 수 있는 기회를 제공하고 자신의 의지력을 신장시켜 주는 효과를 기대할 수 있다.

참고문헌

김범수 외 7인, 다문화사회복지론, 서울: 양서원, 2007

문화관광부, 21세기 한국형 청소년자원봉사 모델 빛 프로그램 개발, 서울: 문영사, 2000.

유홍준, 직업사회학, 서울: 경문사, 2000.

정하성 외, 다문화가정 청소년의 사회적응 실태 및 사회적응 프로그램 개발방안, 한국청소년 정책연구원, 2007.

정하성, 안승열, 청소년프로그램의 실제, 서울: 학문사, 2003.

정하성, 유진이, 신청소년문화론, 서울: 21세기사, 2006.

정하성, 황택주, 이장현, 인간과 사회, 서울: 백산출판사, 2003.

한국청소년학회, 청소년학 총론, 서울: 한국청소년학회, 1999.

한국청소년학회, 제44회 21세기 청소년포럼 및 학술발표대회, 다문화청소년의 사회적응 실태

이기영, 탈북청소년의 남한사회적응에 관한 질적 분석, 한국정책, 서울: 한국청소년개발원, 2002.

이수연, 새터민 청소년의 학교적응에 관한 질적 분석, 청소년학연구제15권제1호, 서울: 한국청소년학회, 2008.

이원숙, 사회적 망과 사회적 지지이론 – 실천적 접근, 서울: 홍익제, 1995.

조영아, 전우택, 북한출신대학생들의 대학생활 적응에 대한 질적 연구, 한국심리학회지: 상담 및 심리치료, 2004.

차갑부, 사회교육방법의 탐구 – 성인교육 방법의 새로운 지평, 서울: 양서원, 2000.

Bochner, S. and Ward, C(2002). The ABCs of acculturation: Theory, research, and application.

Svedhem. L.(1994) Social network and behaviour problems 11~13 – years – old schoolchildren: A theoretical and empirical bases for network therapy. Acta Pshchitrrriea Scandibavica, 381, 484.

www. imagei. co. kr

정하성 

▌약력

충남대학교를 졸업하고 대만R.T.I에서 지역사회와 청소년
연구를 마친 후 대구대학교 대학원에서 지역사회학을 전공
하여 행정학박사학위를 취득하였다.
한국청소년연구소(서울), 사단법인 청소년지도연구원(대전),
사단법인 대전지역사회개발협회장으로 활동하는 등 30여 년을
한결같이 지역사회 활동과 청소년지도자로 활동하고 있다.
국가시험 청소년지도사 1.2.3급 출제위원 겸 검정위원, 국가시험 청소년상담사 1.2.3급
검정위원이며 사단법인 한국청소년학회장으로 활동하고 있다.
한양대학교 대학원 외래교수를 거쳐 현재는 평택대학교 청소년학과 교수로 재직하고 있다.
『자원봉사활동론』 등 50여 권의 저서가 있다.

다시 보는 다문화청소년, 올바른 시선으로 그들에게 향하다!

여러 나라 사람들의 삶

초판인쇄 | 2009년 6월 20일
초판발행 | 2009년 6월 20일

지은이 | 정하성
펴낸이 | 채종준
펴낸곳 | 한국학술정보㈜
주 소 | 경기도 파주시 교하읍 문발리 파주출판문화정보산업단지 513-5
전 화 | 031) 908-3181(대표)
팩 스 | 031) 908-3189
홈페이지 | http://www.kstudy.com
E-mail | 출판사업부 publish@kstudy.com

등 록 | 제일산-115호(2000. 6. 19)
가 격   23,000원

ISBN   (Paper Book)
        978-89-268-0068-3 98330 (e-Book)

내일을여는지식 은 시대와 시대의 지식을 이어 갑니다.